WL-356

# Ronald MacNair

# La poursuite alliée

## La Libération de la Seine à la Meuse

## 25 août - 10 septembre 1944

EDITIONS HEIMDAL

– Directeur de la collection : Georges Bernage.

– Réalisation : Jean-Luc Leleu.

– Textes et légendes : Ronald MacNair

– Cartes : Bernard Paich.

– Les peintures sont de Erik Groult.

– Maquette : Erik Groult et Francine Gautier.

– Composition et mise en pages de Marie-Claire Passerieu.

– Photogravure : Christian Caïra, Christel Lebret, Franck Richard.

– Iconographie : BA, ECPA, IWM.

Dans la même collection :

– La bataille de Stalingrad (1942-1943)

– L'enfer de Diên Biên Phu

– La ruée des Panzers - Sedan 1940

– Charkow - Février-mars 1943 : le corps blindé SS contre-attaque

– Koursk - La plus grande bataille de chars de l'Histoire

– Opération Marita - La guerre dans les Balkans - Yougoslavie-Grèce

– Les panzers dans la bataille de Normandie

Editions Heimdal - Château de Damigny - BP 320 - 14403 BAYEUX Cedex - Tél. : 02.31.51.68.68 - Fax : 02.31.51.68.60 - E-mail : Editions.Heimdal@wanadoo.fr

ISBN 2 84048 133 2

# Introduction

« Le Blitzkrieg de Montgomery »

Cette expression a de quoi surprendre, mais elle illustre parfaitement la campagne éclair qui s'engage dans les derniers jours d'août 1944 après la bataille rangée qui a duré plus de dix semaines en Normandie. Cette campagne débute le 26 août, quand les armées alliées partent de l'avant dans le cadre des instructions données par la directive M-520. L'objectif : bousculer et détruire les forces allemandes qui ont pu franchir la Seine et prendre intacts les ports de la Manche et de la mer du Nord qui permettront le ravitaillement des forces alliées sur le continent. De la Seine à la Meuse se livre alors une course poursuite entre les troupes allemandes qui se replient en toute hâte et les armées alliées. Chargée de la tâche principale, la *2nd British Army* doit s'emparer d'Anvers, soutenue par la *1st US Army* qui l'épaule et dont l'avance s'emballe.

Peu d'ouvrages traitent de ces quelques jours de course poursuite. Tout s'est passé très vite et ces journées ont vu peu de ces combats qui permettent de poser un récit. De plus, dans le même temps, la *3rd US Army* a progressé vers la Marne puis la Meuse, et les succès du flamboyant général Patton ont souvent volé la vedette au taciturne maréchal Montgomery. C'est le déroulement de cette brève campagne, faite d'espace et de vitesse plus que de batailles, que cet ouvrage se propose d'exposer.

Les unités alliées libèrent dans leur course tout le nord de la France, puis la Belgique. L'enthousiasme des populations est d'autant plus grande que personne ne s'attendait à une libération aussi rapide. Ville après ville, les soldats sont accueillis par « des acclamations, des baisers et du cognac ». Avant la fin du mois d'août, les chars britanniques libèrent ainsi Beauvais, Gournay, Breteuil, Poix et Amiens, et les Américains sont à Château-Thierry, Soissons, Laon et Rethel. Dans les premiers jours de septembre, les avant-gardes de la *2nd British Army* libèrent Albert, Arras, Liévin, puis Douai, Seclin, Lillers, Béthune... Les chars de sa Majesté poursuivent alors sans répit vers Tournai, Ath et Bruxelles d'un côté, et Audenarde, Anvers et Gand de l'autre. Bientôt, les Polonais sont à Hesdin, Saint-Omer, puis Cassel et Ypres... Avant la fin du mois, les Canadiens sont venus à bout des garnisons des forteresses de Boulogne et Calais, mais la « Festung » de Dunkerque va tenir jusqu'en mai 1945.

Pour les unités allemandes, si leur retraite n'est pas une débâcle, ces derniers jours d'août sont dramatiques : les hommes sont épuisés après des jours de marche sans répit, les routes encombrées, les avions alliés qui mitraillent et bombardent... Cette bataille de France est une totale défaite pour la *Wehrmacht* : les pertes sont lourdes, de nombreuses divisions ont été mises en pièces et les unités qui se rassemblent au début de septembre derrière une nouvelle « ligne de défense à l'Ouest » sont épuisées et désorganisées. La fin est proche, même si la guerre est loin d'être finie en septembre 1944...

# Table des matières

# Organigrammes des unités de combat du 21st Army Group (25 août 1944)

## CORPS D'ARMÉE

**I Corps**
The Inns of Court Regiment R.A.C.
62nd Anti-Tank Regiment R.A.
102nd Light Anti-Aircraft Regiment R.A.
9th Survey Regiment R.A.
I Corps Troops Engineers
I Corps Signals

**VIII Corps**
2nd Household Cavalry Regiment
91st Anti-Tank Regiment R.A.
121st Light Anti-Aircraft Regiment R.A.
10th Survey Regiment R.A.
VIII Corps Troops Engineers
VIII Corps Signals

**XII Corps**
1st The Royal Dragoons
86th Anti-Tank Regiment R.A.
112th Light Anti-Aircraft Regiment R.A.
7th Survey Regiment R.A.
XII Corps Troops Engineers
XII Corps Signals

**XXX Corps**
11th Hussars
73rd Anti-Tank Regiment R.A.
27th Light Anti-Aircraft Regiment R.A.
4th Survey Regiment R.A.
XXX Corps Troops Engineers
XXX Corps Signals

**II Canadian Corps**
18th Armoured Car Regiment
(12th Manitoba Dragoons)
6th Anti-Tank Regiment R.C.A.
6th Light Anti-Aircraft Regiment R.C.A.
2nd Survey Regiment R.C.A.
II Canadian Corps Troops Engineers
II Canadian Corps Signals

## BRIGADES ET UNITÉS INDÉPENDANTES

**4th Armoured Brigade**
The Royal Scots Greys
3rd/4th County of London Yeomanry
44th Battalion R.T.R.
2nd Battalion The King's Royal Rifle Corps

**8th Armoured Brigade**
4th/7th Royal Dragoon Guards
13th/18th Royal Ussars
The Nottinghamshire Yeomanry
12th Battalion The King's Royal Rifle Corps

**33rd Armoured Brigade**
1st Northamptonshire Yeomanry
1st East Riding Yeomanry

**2nd Canadian Armoured Brigade**
6th Armoured Regiment (1st Hussars)
10th Armoured Regiment (The Fort Garry Horse)
27th Armoured Regiment (The Sherbrooke Fusiliers Regiment)

**31st Tank Brigade**
9th Battalion R.T.R. (jusqu'au 31.8.44)
144th Regiment R.C.A. (jusqu'au 31.8.44)
141st Regiment R.A.C. (à partir de septembre)
1st Fife an Forfar Yeomanry (à partir d'octobre)

**34th Tank Brigade**
107th Regiment R.A.C.
147th Regiment R.A.C.
7th Battalion R.T.R.
9th Battalion R.T.R. (à partir du 31 août 1944)

**6th Guards Tank Brigade**
4th Tank Battalion Grenadier Guards
4th Tank Battalion Coldstream Guards
3rd Tank Battalion Scots Guards

**1st Special Service Brigade**
N° 3 Commando
N° 4 Commando
N° 6 Commando
N° 45 (Royal Marine) Commando

**4th Special Service Brigade**
N° 41 (Royal Marine) Commando
N° 46 (Royal Marine) Commando
N° 47 (Royal Marine) Commando
N° 48 (Royal Marine) Commando

**1st Belgian Infantry Brigade**

**Royal Netherlands Brigade (Princess Irene)**

**Special Air Service**
1st Special Air Service Regiment
2nd Special Air Service Regiment
3rd French Parachute Battalion
4th French Parachute Battalion

# DIVISIONS D'INFANTERIE

## 3rd Division
Major-General L.G. Whistler

### 8th Brigade
1st Battalion The Suffolk Regiment
2nd Battalion The East Yorkshire Regiment
1st Battalion The South Lancashire Regiment

### 9th Brigade
2nd Battalion The Lincolnshire Regiment
1st Battalion The King's Own Scottish Borderers
2nd Battalion The Royal Ulster Rifles

### 185th Brigade
2nd Battalion The Royal Warwickshire Regiment
1st Battalion The Royal Norfolk Regiment
2nd Battalion The King's Shropshire Light Infantry

### Divisional Troops
3rd Reconnaissance Regiment R.A.C.
7th Regiment R.A.
33rd Regiment R.A.
76th Field Regiment R.A.
20th Anti-Tank Regiment R.A.
92nd Light Anti-Aircraft Regiment R.A.
2nd Battalion The Middlesex Regiment (Machine Gun)
3rd Divisional Engineers
3rd Divisional Signals

## 15th (Scottish) Division
Major-General C.M. Barber

### 44th (Lowland) Brigade
8th Battalion The Royal Scots
6th Battalion The Royal Scots Fusiliers
6th Battalion The King's Own Scottish Borderers

### 46th (Highland) Brigade
9th Battalion The Cameronians
2nd Battalion The Glasgow Highlanders
7th Battalion The Seaforth Highlanders

### 227th (Highland) Brigade
10th Battalion The Highland Light Infantry
2nd Battalion The Gordon Highlanders
2nd Battalion The Argyll and Sutherland Highlanders

### Divisional Troops
15th Reconnaissance Regiment R.A.C.
131st Field Regiment R.A.
181st Field Regiment R.A.
190th Field Regiment R.A.
97th Anti-Tank Regiment R.A.
119th Light Anti-Aircraft Regiment R.A.
1st Battalion The Middlesex Regiment (Machine Gun)
15th Divisional Engineers
15th Divisional Signals

## 43rd (Wessex) Division
Major-General G.I. Thomas

### 129th (Brigade
4th Battalion The Somerset Light Infantry
4th Battalion The Wiltshire Regiment
5th Battalion The Wiltshire Regiment

### 130th Brigade
7th Battalion The Hampshire Regiment
4th Battalion The Dorsetshire Regiment
5th Battalion The Dorsetshire Regiment

### 214th Brigade
7th Battalion The Somerset Light Infantry
1st Battalion The Worcestershire Regiment
5th Battalion The Duke of Cornwall's Light Infantry

### Divisional Troops
43rd Reconnaissance Regiment R.A.C.
94th Regiment R.A.
112th Regiment R.A.
179th Field Regiment R.A.
59th Anti-Tank Regiment R.A.
110th Light Anti-Aircraft Regiment R.A.
8th Battalion The Middlesex Regiment (Machine Gun)
43rd Divisional Engineers
43rd Divisional Signals

## 43rd (Wessex) Division
Major-General G.I. Thomas

### 129th Brigade
4th Battalion The Somerset Light Infantry
4th Battalion The Wiltshire Regiment
5th Battalion The Wiltshire Regiment

### 130th Brigade
7th Battalion The Hampshire Regiment
4th Battalion The Dorsetshire Regiment
5th Battalion The Dorsetshire Regiment

### 214th Brigade
7th Battalion The Somerset Light Infantry
1st Battalion The Worcestershire Regiment
5th Battalion The Duke of Cornwall's Light Infantry

### Divisional Troops
43rd Reconnaissance Regiment R.A.C.
94th Regiment R.A.
112th Regiment R.A.
179th Field Regiment R.A.
59th Anti-Tank Regiment R.A.
110th Light Anti-Aircraft Regiment R.A.
8th Battalion The Middlesex Regiment (Machine Gun)
43rd Divisional Engineers
43rd Divisional Signals

## 49th (West Riding) Division
Major-General E.H. Barker

### 146th Brigade
4th Battalion The Lincolnshire Regiment
1/4th Battalion The King's Own Yorkshire Light Infantry
Hallamshire Battalion The York and Lancaster Regiment

### 147th Brigade
11th Battalion The Royal Scots Fusiliers
7th Battalion The Duke of Wellington's Regiment
1st Battalion The Leicestershire Regiment

### 56th Brigade
2nd Battalion The South Wales Borderers
2nd Battalion The Gloucestershire Regiment
2nd Battalion The Essex Regiment

### Divisional Troops
49th Reconnaissance Regiment R.A.C.
69th Regiment R.A.
143rd Regiment R.A.
185th Field Regiment R.A.
55th Anti-Tank Regiment R.A.
89th Light Anti-Aircraft Regiment R.A.
2nd Princess Louise's Kensington Regiment (Machine Gun)
49th Divisional Engineers
49th Divisional Signals

## 50th (Northumbrian) Division
Major-General D.A.H. Graham

### 69th Brigade
5th Battalion The East Yorkshire
6th Battalion The Green Howards
7th Battalion The Green Howards

### 151st Brigade
6th Battalion The Durham Light Infantry
8th Battalion The Durham Light Infantry
9th Battalion The Durham Light Infantry

### 231st Brigade
2nd Battalion The Devonshire Regiment
1st Battalion The Hampshire Regiment
1st Battalion The Dorsetshire Regiment

### Divisional Troops
61st Reconnaissance Regiment R.A.C.
74th Regiment R.A.
90th Regiment R.A.
124th Field Regiment R.A.
102nd Anti-Tank Regiment R.A.
25th Light Anti-Aircraft Regiment R.A.
2nd Battalion The Cheshire Regiment (Machine Gun)
50th Divisional Engineers
50th Divisional Signals

**51st (Highland) Division**
Major-General T.G. Rennie

*152nd Brigade*
    2nd Battalion The Seaforth Highlanders
    5th Battalion The Seaforth Highlanders
    5th Battalion The Queen's Own Cameron Highlanders

*153rd Brigade*
    5th Battalion The Black Watch
    1st Battalion The Gordon Highlanders
    5th/7th Battalion The Gordon Highlanders

*154th Brigade*
    1st Battalion The Black Watch
    7th Battalion The Black Watch
    7th Battalion The Argyll and Sutherland Highlanders

*Divisional Troops*
    2nd Derbyshire Yeomanry R.A.C.
    126th Regiment R.A.
    127th Regiment R.A.
    128th Field Regiment R.A.
    61st Anti-Tank Regiment R.A.
    40th Light Anti-Aircraft Regiment R.A.
    1/7th Battalion The Middlesex Regiment (Machine Gun)
    51st Divisional Engineers
    51st Divisional Signals

**53rd (Welsh) Division**
Major-General R.K. Ross

*71st Brigade*
    4th Battalion The Royal Welch Fusiliers
    1st Battalion The Oxfordshire and Buckinghamshire Light Infantry
    1st Battalion The Highland Light Infantry

*158th Brigade*
    1st Battalion The East Lancashire Regiment
    1/5th Battalion The Welch Regiment
    7th Battalion The Royal Welch Fusiliers

*160th Brigade*
    2nd Battalion The Monmouthshire Regiment
    4th Battalion The Welch Regiment
    6th Battalion The Royal Welch Fusiliers

*Divisional Troops*
    53rd Reconnaissance Regiment R.A.C.
    81st Regiment R.A.
    83rd Regiment R.A.
    133rd Field Regiment R.A.
    71st Anti-Tank Regiment R.A.
    116th Light Anti-Craft Regiment R.A.
    1st Battalion The Manchester Regiment (Machine Gun)
    53rd Divisional Engineers
    53rd Divisional Signals

**59th (Staffordshire) Division**
Major-General L.O. Lyne

*176th Brigade* (jusqu'au 26.8.44)
    7th Battalion The Royal Norfolk
    7th Battalion The South Staffordshire Regiment
    6th Battalion The North Staffordshire Regiment

*177th Brigade* (jusqu'au 26.8.44)
    5th Battalion The South Staffordshire Regiment
    1/6th Battalion The South Staffordshire Regiment
    2/6th Battalion The South Staffordshire Regiment

*197th Brigade* (jusqu'au 26 août 1944)
    1/7th Battalion The Royal Warwickshire Regiment
    2/5th Battalion The Lancashire Fusiliers
    5th Battalion The East Lancashire Regiment

*Divisional Troops*
    59th Reconnaissance Regiment R.A.C. (jusqu'au 31.8.44)
    61st Regiment R.A. (jusqu'au 31.8.44)
    110th Regiment R.A. (jusqu'au 31.8.44)
    116th Field Regiment R.A. (jusqu'au 31.8.44)
    68th Anti-Tank Regiment R.A. (jusqu'au 26.8.44)
    68th Light Anti-Aircraft Regiment R.A. (jusqu'au 22.8.44)
    7th Battalion The Royal Northumberland Fusiliers
      (Machine Gun) (jusqu'au 24 août 1944)
    59th Divisional Engineers
    59th Divisional Signals

**2nd Canadian Division**
Major-General C. Foulkes

*4th Brigade*
    The Royal Regiment of Canada
    The Royal Hamilton Light Infantry
    The Essex Scottish Regiment

*5th Brigade*
    The Black Watch (Royal Highland Regiment) of Canada
    Le Régiment de Maisonneuve
    The Calgary Highlanders

*6th Brigade*
    Les Fusiliers Mont-Royal
    The Queen's Own Cameron Highlanders of Canada
    The South Saskatchewan Regiment

*Divisional Troops*
    8th Reconnaissance Regiment (14th Canadian Hussars)
    4th Field Regiment R.C.A.
    5th Field Regiment R.C.A.
    6th Field Regiment R.C.A.
    2nd Anti-Tank Regiment R.C.A.
    3rd Light Anti-Aircraft Regiment R.C.A.
    The Toronto Scottish Regiment (Machine Gun)
    2nd Canadian Divisional Engineers
    2nd Canadian Divisional Signals

**3rd Canadian Division**
Major-General D.C. Spry

*7th Brigade*
    The Royal Winnipeg Rifles
    The Regina Rifle Regiment
    1st Battalion The Canadian Scottish Regiment

*8th Brigade*
    The Queen's Own Rigles of Canada
    Le Régiment de la Chaudière
    The North Shore Regiment

*9th Brigade*
    The Highland Light Infantry of Canada
    The Stormont, Dundas and Glengarry Highlanders
    The North Novia Scotia Highlanders

*Divisional Troops*
    7th Reconnaissance Regiment (17th Duke of York's Royal
      Canadian Hussars)
    12th Field Regiment R.C.A.
    13th Field Regiment R.C.A.
    14th Field Regiment R.C.A.
    3rd Anti-Tank Regiment R.C.A.
    4th Light Anti-Aircraft Regiment R.C.A.
    The Cameron Highlanders of Ottawa (Machine Gun)
    3rd Canadian Divisional Engineers
    3rd Canadian Divisional Signals

**6th Airborne Division**
Major-General R.N. Gale

*3rd Parachute Brigade*
    8th Battalion The Parachute Regiment
    9th Battalion The Parachute Regiment
    1st Canadian Parachute Battalion

*5th Parachute Brigade*
    7th Battalion The Parachute Regiment
    12th Battalion The Parachute Regiment
    13th Battalion The Parachute Regiment

*6th Airlanding Brigade*
    12th Battalion The Devonshire Regiment
    2nd Battalion The Oxfordshire and Buckinghamshire Light In-
      fantry
    1st Battalion The Royal Ulster Rifles

*Divisional Troops*
    6th Airborne Armoured Reconnaissance Regiment R.A.C.
    53rd Airlanding Light Regiment R.A.
    6th Airborne Divisional Engineers
    6th Airborne Divisional Signals

# DIVISIONS BLINDÉES

## Guards Armoured Division
Major-General A.H.S. Adair

### 5th Guards Armoured Brigade
2nd (Armoured) Battalion Grenadier Guards
1st (Armoured) Battalion Coldstream Guards
2nd (Armoured) Battalion Irish Guards
1st (Motor) Battalion Grenadier Guards

### 32nd Guards Brigade
5th Battalion Coldstream Guards
3rd Battalion Irish Guards
1st Battalion Welsh Guards

### Divisional Troops
2nd Armoured Reconnaissance Battalion Welsh Guards
55th Field Regiment R.A.
153rd Fied Regiment R.A.
21st Anti-Tank Regiment R.A.
94th Light Anti-Aircraft Regiment R.A.
Guards Armoured Divisional Engineers
Guards Armoured Divisional Signals

## 7th Armoured Division
Major-General G.L. Verney

### 22nd Armoured Brigade
5th Royal Inskilling Dragoon Guards
1st Battalion R.T.R.
5th Battalion R.T.R.
1st Battalion The Rifle Brigade

### 131st Infantry Brigade
1/5th Battalion The Queen's Royal Regiment
1/6th Battalion The Queen's Royal Regiment
1/7th Battalion The Queen's Royal Regiment

### Divisional Troops
8th King's Royal Irish Hussars
3rd Regiment R.H.A.
5th Regiment R.H.A.
65th Anti-Tank Regiment R.A.
15th Light Anti-Aircraft Regiment R.A.
7th Armoured Divisional Engineers
7th Armoured Divisional Signals

## 11th Armoured Division
Major-General G.P.B. Roberts

### 29th Armoured Brigade
23rd Hussars
2nd Fife and Forfar Yeomanry
3rd Battalion R.T.R.
8th Battalion The Rifle Brigade

### 159th Infantry Brigade
3rd Battalion The Monmouthshire Regiment
4th Battalion The King's Shropshire Light Infantry
1st Battalion The Herefordshire Regiment
### Divisional Troops
2nd Northamptonshire Yeomanry
15th/19th The King's Royal Hussars
13th Regiment R.H.A.
151st Field Regiment R.A.
75th Anti-Tank Regiment R.A.
58th Light Anti-Aircraft Regiment R.A.
11th Armoured Divisional Engineers
11th Armoured Divisional Signals

## 4th Canadian Armoured Division
Major-General H.W. Foster

### 4h Armoured Brigade
21st Armoured Regiment (The Governor General's Foot Guards)
22nd Armoured Regiment (The Canadian Grenadier Guards)
28th Armoured Regiment (The British Columbia Regiment)
The Lake Superior Regiment

### 10th Infantry Brigade
The Lincoln and Welland Regiment
The Algonquin Regiment
The Argyll and Sutherland Highlanders of Canada (Princess Louise's)

### Divisional Troops
29th Reconnaissance Regiment (The South Alberta Regiment)
15th Field Regiment R.C.A.
23rd Field Regiment R.C.A.
5th Anti-Tank Regiment R.C.A.
8th Light Anti-Aircraft Regiment R.C.A.
4th Canadian Armoured Divisional Engineers
4th Canadian Armoured Divisional Signals

## 1st Polish Armoured Division
Major-General S. Maczek

### 10th Polish Armoured Brigade
1st Polish Armoured Division
2nd Polish Armoured Regiment
24th Polish Armoured (Lancer) Regiment
10th Polish Motor Battalion

### 3rd Polish Infantry Brigade
1st Polish Battalion
8th Polish Battalion
9th Polish Battalion

### Divisional Troops
10th Polish Mounted Rifle Regiment
1st Polish Field Regiment
2nd Polish Field Regiment
1st Polish Anti-Tank Regiment
1st Polish Light Anti-Aircraft Regiment
1st Polish Armoured Divisional Engineers
1st Polish Armoured Divisional Signals

## 79th Armoured Division
Major-General Percy C.S. Hobart

### 30th Armoured Brigade
22nd Dragoons
1st Lothians and Border Horse
2nd County of London Yeomanry
141st Regiment R.A.C. (jusqu'en septembre)

### 1st Tank Brigade
11th Battalion R.T.R.
42nd Battalion R.T.R.
49th Battalion R.T.R.

### 1st Assault Brigade Royal Engineers
5th Assault Regiment Royal Engineers
6th Assault Regiment Royal Engineers
42nd Assault Regiment Royal Engineers

### Divisional Troops
79th Armoured Divisional Engineers
1st Canadian Armoured Personnel Carrier Regiment

# Le Blitzkrieg
# de Montgomery

# 1 - De la Seine à la Somme
## 25-31 août 1944

# 1

# La fin de la bataille de Normandie : le franchissement de la Seine

### La « poche de Falaise » et la retraite allemande

Le **18 août 1944**, la nasse s'est refermée inexorablement entre Argentan et Falaise et les journées des 19 au 21 août sont catastrophiques pour la *Wehrmacht*. Plusieurs dizaines de milliers d'hommes réussissent à se replier encore, de 30 000 à 50 000 selon les estimations, mais 40 000 autres sont faits prisonniers, près de 10 000 hommes ont été tués, plus de 10 000 véhicules et plus de 500 chars ont été perdus, ainsi que 5 000 chevaux...

Dans les jours qui suivent, la retraite se poursuit et si la traversée de la Seine entre les **25 et 29 août** est bien difficile, c'est un incontestable succès pour les Allemands. Deux raisons à ce succès : la manœuvre d'enveloppement lancée par les Alliés sur la rive gauche de la Seine est un échec (une polémique oppose même Britanniques et Américains quant à savoir qui a gêné les mouvements de l'autre), et l'aviation alliée n'est pas intervenue comme elle aurait pu le faire pour vraiment interdire la traversée du fleuve (le 21 août, le général Bernard L. Montgomery, le commandant des forces terrestres, et le maréchal Trafford Leigh-Mallory, le commandant des forces aériennes, ont en effet décidé de mettre un terme aux attaques contre les ponts de la Seine pour envoyer les bombardiers tactiques attaquer les dépôts allemands au nord de la France).

A l'exception de deux ponts de chemin de fer, l'un à Rouen, l'autre en amont d'Elbeuf, qui ne sont qu'endommagés, aucun pont n'est praticable en aval de Paris. Tandis que le génie remet en service, tant bien que mal, les bacs détruits par les avions alliés, des groupes de soldats s'affairent à assembler pour leur compte des barges et des radeaux de fortune. Parmi les points de passage les plus importants, on peut citer Poses, en amont d'Elbeuf, où plus de 100 000 hommes et 16 000 véhicules ont franchi le fleuve sur un pont de bateaux, le pont de chemin de fer de Rouen (plusieurs dizaines de milliers d'hommes et 7 000 véhicules), les bacs de Duclair, de Caudebec et de Villequier (des milliers d'hommes et plusieurs milliers de véhicules à chaque site).

Rappelons quelques-uns des témoignages allemands décrivant cette traversée. « *Dix rangées de colonnes motorisées sont immobilisées les unes derrières les autres, voitures et blindés mêlés, sur les routes le long du fleuve, attendant leur tour pour traverser. Les officiers et sous-officiers sont sans cesse sur la brèche, jours et nuits, afin de tirer partie de toutes les opportunités "même s'il faut traverser sur des barques avec une simple planche comme rame"* » (Franz-Joseph Strauss de la *2. Panzer-Division*). Ailleurs, les hommes attendent à l'abri des couverts que vienne leur tour d'embarquer sur les barges. « *Tandis que des chars* Panther *et quelques-uns de mes grenadiers assurent la protection de nos arrières, toutes les unités se*

comportent remarquablement. *Pas de panique, pas de chaos, tout le monde attend calmement le moment de passer le fleuve »* (*Oberst* Hans von Luck de la *21. Panzer-Division*). Tout n'est pas toujours aussi simple, des scènes *« déplaisantes »* se produisent sur les berges de la Seine et Franz-Joseph Strauss a témoigné de *« l'égoïsme crasse »* des *Waffen-SS* qui, comme les parachutistes, prétendent avoir priorité pour traverser. Ils font à l'occasion menace de leurs armes pour forcer le passage et le *Generalleutnant* Paul Mahlmann, le commandant de la *353. Infanterie-Division*, racontera ainsi comment un *Waffen-SS* a tiré sur des hommes du *Heer*, affirmant que *« les hommes du 20 juillet* (l'attentat contre Hitler - NdA) *pouvaient bien rester là »*.

Malgré ces difficultés, pratiquement tous les hommes qui ont atteint la Seine ont réussi à la franchir, de même que 90 % des véhicules et 70 % des chars, soit près de 240 000 hommes, 30 000 véhicules et 135 chars. Les pertes lors de la traversée du fleuve se limitent à 4 000 véhicules, dont une soixantaine de chars et 250 engins blindés.

Toutefois, si ce succès est incontestable, l'état des troupes qui se rassemblent au nord de la Seine est pathétique. Les unités sont dispersées, les hommes sont épuisés et, pour tout armement, ils ne disposent que de leurs armes individuelles. D'après un rapport rédigé le 29 août par le *Generalfeldmarschall* Walter Model, le commandant en chef à l'Ouest, il n'a pas été possible de rassembler plus de quatre groupements tactiques avec ce qui reste de seize divisions d'infanterie.

Quant aux divisions de panzers qui se sont battues en Normandie, cinq divisions du *Heer* et six divisions de la *Waffen-SS*, elles sont réduites chacune à un *Kampfgruppe* de la taille d'un régiment. Avec encore vingt-cinq chars et vingt canons, la *9. SS-Panzer-Division* est la moins mal lotie mais son infanterie est réduite à 450 hommes. Avec l'équivalent d'un bataillon d'infanterie, douze chars et dix canons, la *116. Panzer-Division* ou la *2. SS-Panzer-Division* ne sont que l'ombre d'elles-mêmes et, sans plus un seul char ou canon, la *2. Panzer-Division*, la *1. SS-Panzer-Division* et la *10. SS-Panzer-Division* sont pratiquement réduites à néant. Tant bien que mal, quelques renforts en hommes et en matériel sont intégrés à ces *Kampfgruppen*... Selon un autre rapport établi par Model à la fin août, la *5. Panzer-Armee* est alors forte de 18 000 hommes seulement, avec 42 chars ou *Sturmgeschütze* et 314 pièces d'artillerie.

De son côté, le général Dwight D. Eisenhower, le commandant en chef allié, dispose de 20 divisions américaines, 13 divisions britanniques, 3 divisions canadiennes, une division française et une division polonaise, sans compter les unités qui ont débarqué en Provence. Ainsi, un relatif équilibre pourrait apparaître sur une carte entre les armées alliées et les armées allemandes, une quarantaine de divisions de chaque côté, mais il n'en est rien. Les unités allemandes sont, on l'a vu, en piteux état et le rapport de forces en faveur des Alliés s'établit en fait à 2 contre 1 sur le front de l'Ouest ; la supériorité alliée est totale pour ce qui concerne les chars, pratiquement 20 contre 1, tandis qu'elle est de 2,5 contre 1 pour l'artillerie ; dans le ciel, les trois forces aériennes tactiques alliées disposent de trois fois plus d'avions que la *Luftwaffe*. Le *Heeresgruppe B* n'a aucune chance de se rétablir sur la Seine...

**Ci-dessus et page précédente :** Le 16 août, quand le commandant en chef à l'Ouest, le *Generalfeldmarschall* von Kluge, donne le premier ordre de retraite en Normandie, les avions alliés ont la totale maîtrise du ciel. La menace des *Jabos* est permanente sur les itinéraires de repli. Dans l'espoir d'échapper à l'attention des pilotes alliés, les véhicules sont camouflés sous une couche de branchages, cela jusqu'à leur donner l'apparence de buissons ambulants. (ECPArmées.)

1

2

4

3

## Rückmarsch sous la menace des Jabos

**1, 2, 3** et **4.** Bien que ce chemin soit étroit et bordé d'arbres et de buissons, ces deux voitures du *Heer* n'ont pas échappé aux rafales des chasseurs-bombardiers. Les hommes qui, apparemment, ont évacué les véhicules à temps, s'efforcent de sauver ce qui peut l'être des deux épaves. L'un d'eux, légèrement blessé et visiblement encore sous le choc de l'attaque, est soigné par un sous-officier.

**5.** Ailleurs, cet autre véhicule n'a pas échappé à la vigilance des aviateurs alliés.

(ECPArmées.)

4

5

Comme le montre cette photo d'un convoi surpris le 23 août « sur la route de Fontainebleau », il est risqué de s'aventurer à découvert. Les branchages, même en couches épaisses, ne peuvent dissimuler les véhicules aux yeux des pilotes en maraude et ce convoi a été détruit en quelques instants. (US Army.)

Heureusement pour les Allemands, les conditions météorologiques sont mauvaises en cette fin août, ce qui les protège des *Jabos*. Le ciel est couvert, il pleut par intermittence lorsque ces photos ont été prises à Orbec et à proximité de cette localité. L'équipage d'un *Jagd-panther* de la *schwere Panzerjäger-Abteilung 654* s'abrite tout simplement sous des parapluies, tandis qu'un Normand est sorti dans la rue pour assister au passage des troupes de la *Wehrmacht* battant en retraite. (ECPArmées.)

## La traversée de la Seine par les troupes allemandes

**1.** Bien qu'il s'agisse sans aucun doute d'un pont sur la Seine (noter le panneau indicateur au premier plan), nous n'avons pas identifié ce point de franchissement : quelqu'un reconnaît-il cette ville ? Noter que les bâtiments sur les quais n'ont que peu souffert de la destruction du pont. (US Army.)

**2.** Le 25 août, le *Generalfeldmarschall* Walter Model, le nouveau commandant en chef à l'Ouest (von Kluge a été limogé le 17 août), donne un nouvel ordre de repli : dans la nuit du 25 au 26, les unités encore à l'ouest de la Risle vont se replier et la nuit suivante, l'ensemble des forces à l'ouest de la Seine vont se retirer derrière le fleuve. Des camions passent la Seine sur le bac de Dieppedalle, juste en aval de Rouen. Le soleil brille, le ciel est dégagé, et ces hommes savent que des avions peuvent surgir à chaque instant... (ECPArmées.)

**3, 4** et **5.** Non loin, à Croisset, un bac qui transporte un convoi sanitaire hippomobile vient s'amarrer au ponton de la rive droite. Noter les croix rouges peintes sur le toit des fourgons. Les hommes s'affairent, mais aucune tension n'est apparente. Le bac de Croisset va être utilisé jusqu'au 21 août, transportant des milliers d'hommes et des centaines de véhicules. Après cette date, l'encombrement est tel sur la rive gauche que l'accès au bac en est gravement perturbé. (ECPArmées.)

## Petit-Couronne

**1, 2** et **3.** A Petit-Couronne, autre point de franchissement situé à huit kilomètres au sud-est du centre-ville de Rouen, ce sont principalement des hommes qui traversent cette fois le fleuve. Dans ce groupe, les *Waffen-SS* (de la *9. SS-Panzer-Division* semble-t-il) sont nombreux. Des témoignages ont rapporté comment les *Waffen-SS* ou les parachutistes ont souvent été à l'origine de pénibles incidents en prétendant avoir priorité.

(ECPArmées.)

**4.** Sur la rive gauche, toujours à Petit-Couronne, des centaines de véhicules, ici des Sd.Kfz. 251, attendent leur tour pour traverser. La discipline et l'ordre règnent.

**5.** Ailleurs, le génie a construit des bacs en attachant deux péniches bord à bord : un plateau est aménagé au travers des ponts et un tel bac peut transporter, comme on le voit ici, plus d'une dizaine de véhicules. Nous n'avons pas localisé ce site avec précision : quelqu'un peut-il le faire ? Noter les bâtiments à l'arrière plan, à gauche comme à droite.

(ECPArmées.)

## Caudebec-en-Caux

A Caudebec, à une trentaine de kilomètres au nord-ouest de Rouen, un *Schwimmwagen* s'engage dans la Seine à côté du bac coulé lors d'une attaque aérienne dans la nuit du 27 août. L'homme debout à l'arrière est en train de basculer l'hélice du véhicule pour la mettre en position à l'aide de la tige prévue à cet effet. Des barges sont improvisées en amarrant bord à bord un canot à moteur et deux canots pneumatiques sur lesquels sont fixées des planches. Une pièce de *Flak* légère de 20 mm est chargée. Sur la rive opposée, des blessés sont débarqués, puis une moto et une voiture... Ce véhicule est un *Leichter Einheits-PKW Kfz. 3*. A Caudebec, de telles barges vont transporter plus de 2 000 hommes ainsi que des centaines de pièces de matériel léger.

(ECPArmées.)

## Rouen

**1.** Gravement endommagé par les bombardements aériens, le pont de chemin de fer d'Eauplet (juste en amont de Rouen) tient encore debout et des planches ont été placées sur les rails pour permettre le passage des véhicules. Le pont est de nouveau touché, sans gravité, lors d'une attaque de nuit le 27 août, mais il tient bon et près de 7 000 véhicules le franchissent entre le 22 et le 30 août.

**2 et 3.** Si beaucoup s'efforcent de faire bonne figure pour le photographe, d'autres ne peuvent cacher l'angoisse qui les étreint : et si la guerre était perdue ?

**4.** Comme aspirés à Rouen par la structure du réseau routier, les convois allemands en retraite découvrent en arrivant, trop tard, que tous les ponts ont été détruits par l'aviation alliée. Si les colonnes de véhicules camouflés s'allongent sur la rive gauche, c'est le grand calme sur la rive droite, ici le quai de Paris, car personne ne s'attarde... A l'arrière plan, la cote Sainte-Catherine.

**5.** Le 25 août, une trentaine de *Mitchell* et de *Boston* de la *2nd Tactical Air Force* de la R.A.F. attaque les centaines de véhicules massés sur la rive gauche de la Seine : les bombes écrasent les engins entassés sur le quai Jean de Béthencourt. Dans la nuit, c'est toute la rive gauche qui semble être en flammes. Un rapport britannique indiquera que 60 véhicules blindés, 48 canons et 660 véhicules divers détruits ont été comptés sur la rive gauche de la Seine à Rouen.

(ECPArmées.)

3

4

5

## Les Américains franchissent la Seine

Le *Heeresgruppe B* n'aura pas le temps de se rétablir sur la Seine car dès le 19 août, Eisenhower a pris la décision de s'écarter des plans stratégiques établis avant le débarquement : contrairement à ce qui avait été envisagé, il n'est plus question de s'arrêter sur la Seine pour permettre le regroupement des forces. Il faut traverser le fleuve sans tarder et engager immédiatement la poursuite de l'ennemi en déroute.

Au matin du **19 août**, une patrouille de la *79th Infantry Division* a franchi la Seine à **Rolleboise**, en aval de Mantes, sur la passerelle d'un barrage que les Allemands n'ont pas détruit. Au soir, après que soit arrivé l'ordre d'engager immédiatement la poursuite, le commandant du *XV Corps*, le *Major-General* Wade H. Haislip, ordonne à la *79th Infantry Division* de franchir le fleuve en force dans la nuit. Au matin du **20 août**, deux bataillons du *313th Infantry Regiment* sont établis sur la rive droite, les Allemands ne réagissent pas et, tandis que le *314th Infantry Regiment* traverse à son tour le fleuve à **Mantes**, le génie s'attaque à la construction d'un pont de bateaux. Le pont est ouvert au trafic dans l'après-midi, le *315th Infantry Regiment* renforce alors la tête de pont et, au soir du 20 août, la *79th Infantry Division* au grand complet est à l'est de la Seine avec ses appuis de chars et de tank destroyers. Dans les deux jours qui suivent, la tête de pont est élargie et confortée de Vetheuil à Porcheville, avec le *313th Infantry Regiment* à gauche, le *314th Infantry Regiment* au centre et le *315th Infantry Regiment* à droite. Le 21 août, puis le 24 et le 25, des éléments de la *49. Infanterie-Division* et d'autres de la *18. Feld-Division (L)* contre-attaquent, bientôt appuyés par une quinzaine de *Tiger II* de la *schwere SS-Panzer-Abteilung 101*. Appuyés par les tirs « généreux » de 35 groupes d'artillerie, les GI's repoussent ces attaques et la *79th Infantry Division* conforte sa tête de pont. Pour sa conduite héroïque à Mantes, le *Lieutenant* Alfred P. McPeters du *315th Infantry Regiment*, *79th Infantry Division*, est décoré de la *Distinguished Service Cross* à titre posthume.

Au sud de Paris, le **23 août**, le *XX Corps* établit une autre tête de pont à **Vulaines-sur-Seine** (par le *11th Infantry Regiment* de la *5th Infantry*

Aux premières heures du 20 août, la *79th Infantry Division* établit une tête de pont à Méricourt, près de Mantes. Le *I. SS-Panzer-Korps* réagit le lendemain et des éléments de la *49. Infanterie-Division* et de la *18. Feld-Division (L)* contre-attaquent la tête de pont. Les Américains reculent et les Allemands reprennent Guitrancourt. Ces deux photos montrant un groupe de combat de la *49. Infanterie-Division* ont été prises à Drocourt, à moins de dix kilomètres au nord de Mantes : ces officiers préparent apparemment la contre-attaque du 21 août quand des éléments de la division vont reprendre les hauteurs de Saint-Martin-la-Garenne. (BA.)

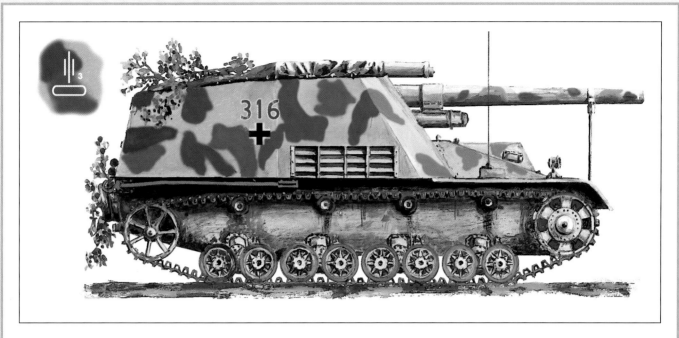

Cette photo a été prise à Rouen sur la rive gauche de la Seine, quai Jean de Béthencourt, alors que des véhicules sont chargés sur un bac. Des milliers d'engins attendent leur tour : toutes sortes de voitures et de camions, des semi-chenillés, deux *Hummeln*, et, non visibles sur cette photo mais sur ce même quai, un Pz.Kpfw. IV, un *Tiger*, un *Panther*, une *Wespe*... Aucun indice ne permet de déterminer avec quelque certitude l'identité des unités présentes. Il est ainsi impossible de préciser à quelle *Panzer-Division* appartient le *Hummel* « 316 » sur le quai qui est représenté ci-dessus. (ECPArmées.)

Ci-dessous, le même quai Jean de Béthencourt il y a quelques années, non loin du passage d'eau Jean Ango. (Coll. auteur.)

(Peinture : E. Groult/Heimdal.)

Ce Pz.Kpfw. IV s'est arrêté boulevard des Belges, à quelques centaines de mètres du fleuve, suffisamment loin pour ne pas être pris dans un bombardement qui viserait les points de passage. Sans doute ces hommes attendent-ils d'autres éléments de leur unité pour repartir de concert. A droite, le boulevard des Belges aujourd'hui, au niveau du numéro 50. (ECPArmées.)

Une fois la Seine traversée, les convois repartent sans tarder. Ce camion camouflé (noter les guetteurs chargés de repérer les avions) remonte le boulevard des Belges. Les ponts ont été attaqués et systématiquement détruits par les bombardiers alliés et le centre de la ville a subi des dégâts considérables, dégâts qu'on qualifierait aujourd'hui de « collatéraux ». (ECPArmées.)

*Division*) et une autre encore à Montereau (par le *10th Infantry Regiment*). Sur son aile gauche, après avoir rencontré des difficultés à Melun (les Allemands font sauter le pont sous le nez des avant-gardes de la *7th Armored Division* au matin du 23 août), le *XX Corps* établit une tête de pont à Tilly, à quelques kilomètres en aval de la ville, aux premières heures du 24. Plus au sud, le *XII Corps* a franchi l'Yonne entre Sens et Joigny puis la Seine au nord de Troyes...

Le **25 août**, les Américains ont ainsi établi cinq têtes de pont sur la rive droite de la Seine : le *XV Corps* à Mantes, la *7th Armored Division (XX Corps)* à Melun, la *5th Infantry Division (XX Corps)* à Vulaines et Montereau et le *XII Corps* à Troyes. Ce même jour, les avant-gardes de la 2ᵉ Division Blindée française et de la *4th Infantry Division* américaine entrent dans Paris.

## Les têtes de pont britanniques et canadiennes sur la Seine

Le **20 août**, le *21st Army Group* s'engage à son tour vers la Seine : sur l'aile gauche avance la *1st Canadian Army*, sur l'aile droite, la *2nd British Army*.

Dans le secteur de la *2nd British Army*, les groupes à l'arrière-garde des unités allemandes en retraite n'opposent ici ou là qu'une faible résistance, mais des unités américaines vont sérieusement ralentir l'avance vers la Seine ! En effet, dans le cadre de la manœuvre d'encerclement envisagée par Montgomery à l'ouest de la Seine, le *XXX Corps* britannique qui marche en pointe se trouve bloqué dès le 23 août sur une ligne Verneuil - Breteuil - Le Neubourg par des unités du *XIX Corps* américain qui progressent vers Elbeuf : ce jour-là, les pointes de la *2th Armored*

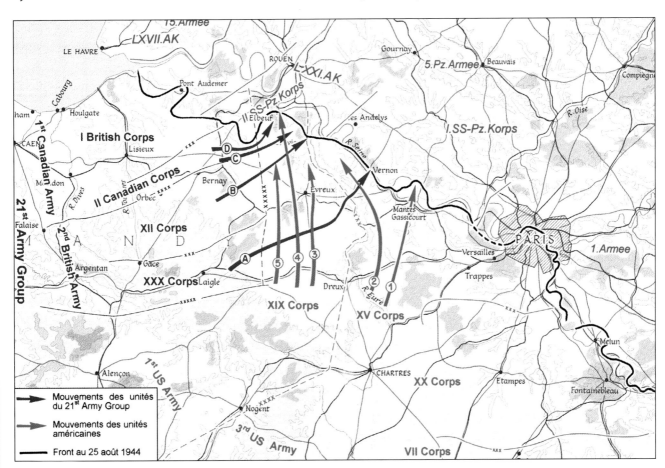

**La manœuvre d'enveloppement à l'ouest de la Seine du 19 au 24 août**

Le 19 août, quand il décide de franchir la Seine « dans la foulée », l'état-major allié retient l'idée de tenter tout d'abord d'encercler à l'ouest de la Seine les dizaines de milliers de soldats allemands qui s'y trouvent encore. La directive M-518 détaille la manœuvre : le *12th Army Group* va fermer la nasse en attaquant vers le nord et le *21st Army Group* va nettoyer la poche ainsi constituée. Pour fermer cette nasse, le *12th Army Group* engage deux corps d'armées, le *XIX Corps* à l'ouest de l'Eure, en direction d'Elbeuf, et le *XV Corps* entre Seine et Eure. Comme on le voit sur cette carte, cette manœuvre amène des unités américaines dans le secteur du *21st Army Group* et, pour éviter toute confusion, les états-majors de Bradley et de Montgomery en précisent soigneusement le cadre. L'opération démarre le 20 août, et tandis que la *79th Infantry Division* (1) renforce sa tête de pont à Mantes, la *5th Armored Division* (2) avance vers Louviers. Dans le même temps, de l'autre côté de l'Eure, le *XIX Corps* attaque vers le nord, avec la *2nd Armored Division* (4) qui atteint bientôt Elbeuf (où elle se heurte à des éléments blindés du *II. SS-Panzer-Korps*), la *30th Infantry Division* (3) et la *28th Infantry Division* (5). En conséquence, quand *la 2nd British Army* s'engage vers la Seine le 23 août, ses unités de pointe se heurtent aux unités américaines qui progressent vers Elbeuf. Les Américains se retirent vers le sud à partir du 24 août et la *43rd (Wessex) Division* (A) atteint la Seine à Vernon aux premières heures du 25 août ; sur la gauche, à l'avant du *XII Corps*, la *15th (Scottish) Division* (B) parvient à Louviers. Plus au nord, la *4th Canadian Armoured Division* (C) et la *3rd Canadian Division* (D) du *II Canadian Corps* entrent également en contact avec les avant-gardes de la *2nd Armored Division* américaine. La manœuvre d'encerclement lancée sur la rive gauche de la Seine est un échec total et une polémique va éclater début septembre entre Britanniques et Américains : le général Dempsey déclare alors qu'il a perdu deux jours à attendre le retrait des troupes américaines encombrant son secteur, ce à quoi Bradley répond vertement que comme le secteur avait déjà été pris par les troupes américaines, l'avance des troupes britanniques était bien plus facile. Il remarque par ailleurs que cette incursion des troupes américaines dans le secteur du *21st Army Group* avait été approuvée par le général Montgomery.

La tête de pont de Vernon telle qu'elle apparaît au matin du 26 août. Le *4th Somerset Light Infantry* est sur la gauche, le *1st Worcestershire Regiment* au centre et le *5th Wiltshire Regiment* sur la droite. Cette carte fait également apparaître les sites où vont être construits les ponts flottants : le pont « David » en A, le pont « Goliath » en B et le pont « Saul » en C. Cette carte a été dessinée en 1947 par les *Royal Engineers* pour illustrer un rapport faisant le bilan de leurs opérations « de la Seine au Rhin ».

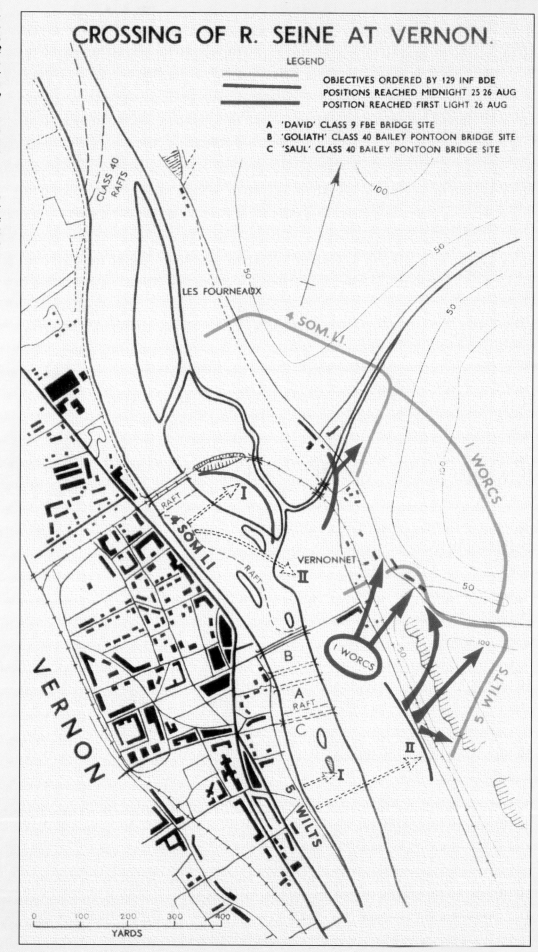

CROSSING OF R. SEINE AT VERNON.

LEGEND

OBJECTIVES ORDERED BY 129 INF BDE
POSITIONS REACHED MIDNIGHT 25 26 AUG
POSITION REACHED FIRST LIGHT 26 AUG

A 'DAVID' CLASS 9 FBE BRIDGE SITE
B 'GOLIATH' CLASS 40 BAILEY PONTOON BRIDGE SITE
C 'SAUL' CLASS 40 BAILEY PONTOON BRIDGE SITE

Insigne du Somerset
Light Infantry

Insigne
du Worcestershire

Insigne du Wiltshire
Regiment

*Division* sont à Conches et celles de la *30th Infantry Division* au nord d'Evreux. Les Américains se retirent à partir du 24 et, à chaque carrefour, les colonnes britanniques et américaines passent alternativement, les premiers avançant vers l'est croisant les seconds qui se replient vers le sud...

La marche de la *2nd British Army* reprend alors et à la pointe du *XXX Corps*, la *43rd (Wessex) Division* atteint la Seine à **Vernon** aux premières heures du **25 août** et établit une tête de pont. La *50th (Northumbrian) Division* suit, puis la *11th Armoured Division*. Sur la gauche, à l'avant du *XII Corps*, la *15th (Scottish) Division* atteint bientôt Louviers et établit le 27 août une nouvelle tête de pont. Deux jours plus tard, le contact est établi avec la tête de pont du *XXX Corps* à Vernon.

Sur la gauche, au nord d'une ligne Chambois - Bernay - Louviers, la *1st Canadian Army* a également progressé vers la Seine, sans trop de problèmes face à des unités allemandes qui reculent pas à pas, couvrant leur retraite grâce à des mines et des obstacles. Le *I British Corps* est sur la gauche, avec les *49th (West Riding) Division* et *51st (Highland) Division* ainsi que la *7th Armoured Division*. Le *II Canadian Corps* est sur la droite, avec la *2nd Canadian Division*, la *3rd Canadian Division* et la *4th Canadian Armoured Division*. Près d'Elbeuf, le 25 août, les Canadiens entrent en contact avec les avant-gardes de la *2nd Armored Division* américaine, et la *4th Canadian Armoured Division* note que sont accueillis avec froideur les Américains qui « ont battu la division de vitesse dans ce secteur ».

Le **26 août** dans l'après-midi, une compagnie du *Lincoln and Welland Regiment (4th Canadian Armoured Division)* traverse la Seine à Pont-de-l'Arche, juste en amont d'Elbeuf et, le lendemain, la *3rd Canadian Division* établit une nouvelle tête de pont à Elbeuf même. Le **30 août**, alors que les derniers éléments allemands franchissent le fleuve, le *I British Corps* traverse la Seine en trois endroits en aval de Rouen : la *51st (Highland) Division* à **Duclair** et la *49th (West Riding) Division* à **Caudebec** et au **Vieux-Port**. Ce même jour, ayant passé le fleuve à Elbeuf, les avant-gardes de la *9th Brigade (3rd Canadian Division)* entrent à Rouen par la rive droite.

Le *Lieutenant D.R. Silvester* de la *553rd Field Company* attachée à cette occasion à la *43rd (Wessex) Division* a laissé un très intéressant témoignage sur la construction du premier pont flottant établi à Vernon, un peu en amont du pont détruit, les 25 et 26 août. Pour le génie britannique, en langage technique, ce pont surnommé « David » est un pont FBE de classe 9.

« Vers 16 h 30, les 553rd et 204th Field Companies qui ont reçu la mission de construire le pont flottant arrivent sur les hauteurs surplombant la Seine. Le site a déjà été reconnu et il est décidé de se mettre au travail dès que l'attaque pour franchir le fleuve aura commencé. A 18 h 50, un bref mais violent barrage d'artillerie martèle la rive opposée et l'attaque commence. Il faut du temps pour établir une première tête de pont, des canots sont coulés et plusieurs DUKWs s'échouent sur des bancs de sable immergés. De ce fait, les opérations ne commencent pas avant 21 h 00. »

« Depuis 19 h 00, les deux compagnies de pontonniers se sont installées en ville, non loin du fleuve, en attendant l'ordre d'y aller ; avec elles, les véhicules du RASC (Royal Army Service Corps - NdA) qui amènent le matériel. Quelques minutes à peine après que l'ordre de commencer le travail a été

donné, les premiers camions sont sur la berge du fleuve et le matériel est déchargé. Trois pelotons commencent alors à assembler les 34 pontons nécessaires. Le site du pont est partiellement protégé des tirs ennemis par une île au milieu du fleuve mais des rafales de traceurs passent à proximité et, occasionnellement, des obus explosent. Il en résulte quelques pertes, dont un sous-officier qui est tué sur un ponton. De tels incidents, et d'autres comme quand un canot ramenant des soldats blessés les débarque sur la rampe d'accès du pont en chantier, ralentissent les travaux et ce n'est pas avant 3 h 45 que le dernier ponton est prêt. Dans le même temps, le peloton qui travaille à construire les accès et les plates-formes d'aboutement a rencontré d'autres difficultés. Du fait de la hauteur des berges, il est nécessaire d'utiliser un bulldozer mais les Allemands le prennent à partie chaque fois qu'il se montre. De plus, le pilote constate qu'il est pratiquement impossible de travailler dans le noir. »

« Le travail reprend aux premières lueurs du 26 août. On commence par parquer les pontons assemblés en aval de l'île mais le courant est trop fort et il est décidé de les amener directement en ligne sur le pont. Dans le même temps, la construction des accès et des plates-formes d'aboutement a repris à la lumière du jour et avance vite, d'autant plus que Jerry ne cherche pas à nous interrompre. »

« Une demi-douzaine de pontons sont ainsi mis en place sans problème, mais les Allemands se décident alors à intervenir. Les pontons suivants sont pris à partie, essuyant des coups de feu et des rafales de mitrailleuses qui en endommagent plusieurs. Un des hommes est tué, d'autres sont blessés et un officier qui dirige la mise en ligne d'un ponton est tué. Il est alors décidé de cesser le travail jusqu'au moment ou ces tireurs auront été chassés de la falaise surplombant le fleuve. Le tir de nos Bren est sans effet mais ces Allemands sont bientôt repérés par l'infanterie et faits prisonniers. »

« Le travail reprend et le pont est terminé vers 18 h 00 et les canons antichars dont les troupes ont un urgent besoin traversent sans tarder. Bien que des obus tombent par intermittence, le trafic ne cesse pas de toute la nuit. Le lendemain matin, vers 11 h 30, un véhicule est en train de passer le pont quand un obus tombe sur la travée centrale et la détruit, endommageant également les deux travées voisines. Des pontons de rechange sont amenés pour combler la brèche et le pont est rouvert au trafic après deux heures d'interruption. »

Bientôt, le génie du *XXX Corps* va établir un pont Bailey de classe 40 (« Goliath », construit entre le pont « David » et les ruines du pont de Vernon), puis un autre encore (« Saul », un autre Bailey de classe 40) un peu en amont.

**Insigne du Corps of Royal Engineers**

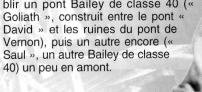

# Les stratégies :
# Où se rétablir ? Où attaquer ?

### Une nouvelle ligne de défense à l'Ouest

Au début de l'été, Hitler et le Haut-Commandement allemand se sont surtout intéressés au front de l'Est, tout particulièrement après l'effondrement du *Heeresgruppe Mitte*. En juillet, la situation s'aggrave à l'Ouest et Hitler se préoccupe soudain d'une ligne de défense à construire en arrière du front. C'est directement à l'*Oberkommando der Wehrmacht* (OKW) qu'il demande de définir la ligne sur laquelle les forces combattant en Normandie vont se retirer quand le moment sera venu et il déclare le 31 juillet que « l'Ob.West *n'a pas à en savoir plus que cela est nécessaire* ». Le *General der Flieger* Karl Kitzinger est alors nommé « commandant en chef des fortifications à l'Ouest » et est chargé de la construction d'une ligne de défense qui va s'appuyer sur la Somme, la Marne et la Saône.

Dès le **3 août**, l'ordre est donné d'arrêter les travaux sur les fortifications de l'*Atlantikwall*, à l'exception des sites de lancement des V1 et V2. Les équipes et le matériel ainsi rendus disponibles reçoivent l'ordre de rejoindre immédiatement les chantiers de la ligne Somme - Marne - Saône ; en complément, des équipes civiles doivent être requises et mises au travail. Kitzinger ne tarde pas à découvrir que l'*Organisation Todt* manque de réactivité et que les travailleurs français requis ne sont pas très efficaces... Pour aider Kitzinger dans sa mission de construire la ligne Somme - Marne - Saône, l'*Oberst* Hermann Oehmichen, un expert de la lutte antichar, arrive d'Allemagne le 27 août. Il doit établir un solide front antichar au centre de la ligne de défense.

Le **24 août**, conscient du fait que la ligne Somme - Marne - Saône ne sort pas de terre, Hitler envoie une nouvelle directive, la directive 61. Il ordonne la construction d'une deuxième ligne de défense, la « ligne de défense allemande à l'Ouest ». Un peu à l'arrière de la ligne Somme - Marne - Saône, cette nouvelle ligne de défense s'étend le long de l'estuaire de l'Escaut, le long du canal Albert et de la Meuse, puis sur le *Westwall* et la Moselle. Le *Westwall* est certes une ligne de fortifications, mais depuis la victoire à l'Ouest en 1940, une grande partie de l'armement et des équipements de communication a été enlevée pour être installée dans les bunkers de l'*Atlantikwall*. Il va falloir six semaines au moins pour remettre le *Westwall* en état...

Depuis la mi-août, le retrait des armées allemandes à l'Ouest a commencé en quatre mouvements principaux, tous dirigés vers la ligne Somme - Marne - Saône telle qu'elle existe sur la carte. Les routes sont encombrées, les états-majors dispersés et coupés de leurs unités, les communications sont inexistantes et la retraite est difficile.

Au nord, toute idée de tenir sur la Seine est abandonnée et les éléments survivants des *7. Armee* et *5. Panzer-Armee* se retirent vers la Somme. Là, la *15. Armee* s'efforce de recueillir les troupes qui se replient, de rassembler les unités dispersées et de réorganiser les mouvements.

Sur le flanc gauche, au nord-est de Paris, le *LVIII. Panzer-Korps* s'efforce d'établir une ligne de défense avec la *348. Infanterie-Division* qui arrive du nord de la France, les restes de la *18. Feld-Division (L)* et des débris d'éléments blindés qui ont réussi à se replier de Normandie. Pour contrôler les mouvements de repli et éviter qu'ils s'accélèrent de façon incontrôlée, le corps a déployé plus d'une centaine d'officiers sur les routes. Plus au sud, la *1. Armee* s'attache à prolonger la ligne jusqu'à Châlons, avec la *48. Infanterie-Division*, des éléments survivants de la *9. Panzer-Division* et d'autres de la *17. SS-Panzergrenadier-Division*. Au sud, tandis que l'*Armeegruppe G* ramène ses troupes le long de la vallée du Rhône, du sud-ouest, le *LXIV. Armee-K orps* replie deux divisions et divers éléments non combattants. Sur les côtes de l'Atlantique et de la Méditerranée, des forces équivalentes à huit divisions se sont retranchées dans des ports érigés au rang de « *Festungen* » (forteresses) : Brest, Lorient, Saint-Nazaire, Marseille, Toulon...

Le 24 août, Model envoie un rapport à l'OKW, rapport dans lequel il dresse la liste de ce dont il a besoin pour avoir quelques chances de s'opposer avec succès aux cinquante divisions alliées qui vont se déployer face à lui au début septembre : il réclame quatre états-majors d'armée, douze états-majors de corps et 30 à 35 divisions ; de plus, 15 divisions sont nécessaires pour renforcer le secteur des Vosges et pour créer une force mobile en réserve derrière la ligne de défense, il a besoin d'un état-major d'armée blindée, avec quatre états-majors de corps blindé et douze *Panzer-Divisionen*...

Photo ci-contre : Aménagement de positions défensives en Lorraine à la fin du mois d'août 1944. A cette date, Hitler avait déjà décidé la construction d'une seconde ligne de défense à l'Ouest. (ECPArmées.)

Le **25 août**, Model ordonne le rassemblement des quelques éléments blindés à sa disposition en quatre groupements tactiques qui seront tenus en réserve derrière la Somme et la Marne. Ainsi, ce qui reste des *9. SS-Panzer-Division* et *10. SS-Panzer-Division* doit se rassembler au nord d'Amiens ; les débris des *1. SS-Panzer-Division*, *2. SS-Panzer-Division* et *12. SS-Panzer-Division* le feront au nord de Laon ; les éléments survivants des *2. Panzer-Division*, *21. Panzer-Division* et *116. Panzer-Division* au nord de Reims ; ceux enfin des *9. Panzer-Division* et *Panzer-Lehr-Division* au nord de Châlons.

Au matin du **28 août**, Model et l'état-major du *Heeresgruppe B* quittent le *Führerhauptquartier* à Margival où ils s'étaient installés depuis quelques jours. Au soir, ils prennent leurs quartiers dans le château d'Havrincourt, près de Cambrai. Tandis que les Américains avancent à l'est et au nord-est de Paris, la *1. Armee* se voit contrainte de se retirer et une brèche de plus en plus large s'ouvre inexorablement entre la *1. Armee* qui se retire vers l'est et les éléments de la *7. Armee* et de la *5. Panzer-Armee* qui retraitent au nord. Model a compris qu'il n'était pas possible d'arrêter les armées alliées sur la ligne Somme - Marne - Saône et, le **29 août**, il or-

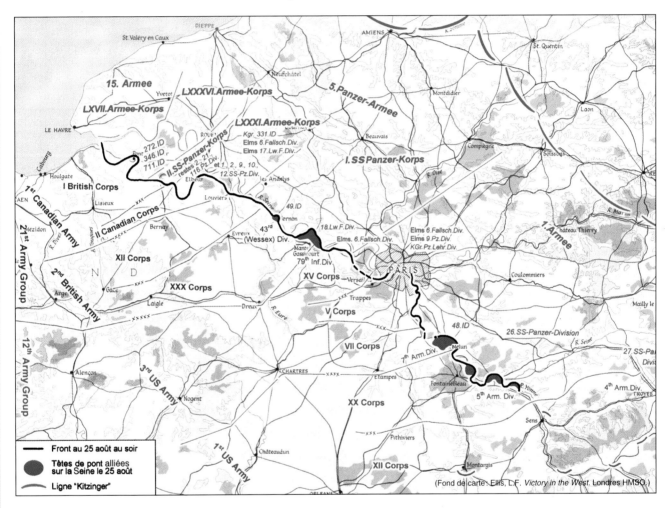

**Les têtes de pont alliées sur la Seine le 25 août 1944**

Le 24 août, les Allemands ont organisé, dans la mesure où cela leur est encore possible, leur front sur la Seine. La *5. Panzer-Armee* est désormais en charge du front de Seine, entre la *15. Armee* qui tient les côtes de la Manche et la *1. Armee*. Les unités qui sont encore à l'ouest du fleuve, cinquante mille hommes au moins, sont placées sous les ordres du *LXXXVI. Armee-Korps* sur le flanc droit (avec ce qui reste des *711.*, *346.* et *272. Infanterie-Divisionen*...) et du *LXXXI. Armee-Korps* sur le flanc gauche (avec un *Kampfgruppe* de la *331. Infanterie-Division*, des éléments de la *6. Fallschirm-Jäger-Division*, d'autres de la *17. Feld-Division (L)*...). Le *II. SS-Panzer-Korps* contrôle les forces blindées (ce qui reste des *2.*, *21.* et *116. Panzer-Divisionen*, ainsi que les débris des *1.*, *2.*, *9.*, *10.* et *12. SS-Panzer-Divisionen*...). Sur la gauche, de Louviers jusqu'à la liaison avec la *1. Armee* au nord de Paris, le *I. SS-Panzer-Korps* est en charge de la Seine, avec la *49. Infanterie-Division*, la *18. Feld-Division (L)* et des éléments de la *6. Fallschirm-Jäger-Division*. Plus au sud, dans le secteur de Paris, la *1. Armee* déploie divers éléments de la *6. Fallschirm-Jäger-Division*, d'autres de la *9. Panzer-Division* ou de la *Panzer-Lehr-Division*... Vers le sud-est, la *48. Infanterie-Division* est sur la Seine dans le secteur de Melun, la *26. SS-Panzer-Division* à Nogent-sur-Seine et la *27. SS-Panzer-Division* près de Troyes. Ces deux dernières unités ont été créées il y a moins de deux semaines et, bien qu'elles portent le nom de division, chacune ne représente que la valeur d'un fort régiment d'infanterie... Le 25 août, Model donne un ordre de repli : dans la nuit du 25 au 26, les unités encore à l'ouest de la Risle vont se replier et la nuit suivante, l'ensemble des forces à l'ouest de la Seine vont se retirer derrière le fleuve. Cette carte fait apparaître le front sur la Seine tel qu'il se présente au soir du 25 août. Ce même jour, la 2e Division Blindée française et la 4th Infantry Division américaine sont entrées dans Paris. A cette date, les Américains ont établi cinq têtes de pont : le *XV Corps* à Mantes, la *7th Armored Division* (*XX Corps*) à Melun, la *5th Infantry Division* (*XX Corps*) à Vulaines et Montereau et le *XII Corps* à Troyes ; comme on le voit sur cette carte, la tête de pont de Melun va également servir de base au *VII Corps* qui s'est inséré le 24 août sur la gauche du *XX Corps*. Dans le secteur du *21st Army Group*, la *43rd (Wessex) Division* du *XXX Corps* britannique a établi une tête de pont à Vernon le 25 août mais c'est la seule : il faut attendre le 26 août pour voir la *4th Canadian Armoured Division* traverser la Seine à Pont-de-l'Arche ; le 27, ce sera au tour de la *15th (Scottish) Division* aux Andelys et de la *3rd Canadian Division* à Elbeuf. Le 30 août, le *I British Corps* va établir trois nouvelles têtes de pont en aval de Rouen : la *51st (Highland) Division* à Duclair et la *49th (West Riding) Division* à Caudebec et au Vieux-Port.

donne un repli général sur « ligne de défense allemande à l'Ouest », ligne dont la construction a été décidée il y a cinq jours à peine. Ces positions ne sont évidemment pas prêtes et Model demande à ses armées de se replier aussi lentement que possible, « *en retardant l'avance des armées ennemies* ». Les Alliés ne doivent pas atteindre la ligne de défense avant dix jours. Dans le cadre de la politique de défense sans esprit de recul édictée par Hitler, les ports de Calais, Boulogne et Dunkerque doivent être érigés en forteresses.

Le **3 septembre**, Hitler envoie une nouvelle directive relative à la conduite de la guerre à l'Ouest. Sans tenir compte des réalités du terrain - une retraite précipitée que l'*Ob.West* ne maîtrise pas vraiment -, il décrète qu'il faut gagner autant de temps que possible « *pour pouvoir rassembler et déployer de nouvelles unités et pour développer les défenses à l'Ouest* ». Aux forces de l'Ouest, il ordonne de « *mener des actions retardatrices énergiques, cela afin de disputer chaque mètre de terrain à l'ennemi* ». Dans cette même directive, Hitler demande à ce qu'une force blindée soit assemblée au devant des Vosges, avec pour objectif « *de lancer une puissante attaque contre le flanc et l'arrière des avancées américaines* ».

## Un front étroit ou un front large ?

Lors de la préparation du débarquement en France, les stratèges du SHAEF ont réfléchi aux objectifs stratégiques de la guerre : l'objectif final est Berlin, centre politique du IIIe Reich, mais le cœur économique de l'Allemagne est la région de la Ruhr. Convaincus que les Allemands vont engager toutes leurs forces pour la défendre, les experts du SHAEF ont proposé de prendre la Ruhr, ce qui permettrait tout à la fois d'affaiblir l'effort de guerre allemand et de détruire les forces armées engagées pour la défendre.

De France, quatre axes d'invasion mènent à la Ruhr. Avant même le débarquement en Normandie, les stratèges du SHAEF en ont écarté deux à cause des difficultés du terrain : les plaines des Flandres, trop facilement inondables, et les Ardennes vallonnées et boisées.

**Insigne du
SHAEF**

**Insigne du
21st Army Group**

Ci-dessus : Le 19 août, le général Dwight D. Eisenhower, le commandant en chef allié, décide d'abandonner le plan stratégique établi avant le débarquement : il n'est plus question de s'arrêter sur la Seine pour rassembler les forces mais de traverser sans tarder et d'engager la poursuite de l'ennemi en déroute. Cependant, conformément aux directives stratégiques du SHAEF, il pense toujours attaquer sur un front large. (IWM.)

Ci-contre: Le général Bernard L. Montgomery, le commandant du *21st Army Group* (et, jusqu'au 31 août, le commandant des forces terrestres alliées sur le continent) est d'un autre avis : il est convaincu qu'il faut les deux groupes d'armées réunis en une seule masse homogène pour pousser vers la Ruhr en un seul effort. Le 1er septembre 1944, Montgomery va être promu *Field Marshal*. On le voit ici posant avec le *Field Marschall* Alan Brooke, chef de l'Etat-Major Impérial (à gauche), et le Premier ministre britannique Winston Churchill (au centre) lors de la venue de ce dernier le 12 juin 1944 en Normandie. On aperçoit sur le véhicule à l'arrière-plan l'insigne du *21st Army Group*. (IWM.)

Ils ont retenu l'idée d'avancer sur un large front et proposent d'attaquer à la fois au nord et au sud des Ardennes. Toutefois, ils considèrent l'axe d'attaque au sud comme moins favorable : le terrain est plus difficile pour les chars et le débouché sur l'Allemagne est étroit. Les stratèges du SHAEF ont donc proposé de lancer l'attaque principale au nord des Ardennes, sur un axe Amiens - Maubeuge - Liège. Dans le même temps, ils envisagent de lancer une attaque secondaire sur un axe Verdun - Metz.

Appliquées aux armées alliées telles qu'elles sont déployées sur le terrain à la fin août, les propositions du SHAEF vont confier l'attaque principale au *21st Army Group* du général Bernard L. Montgomery tandis que le *12th Army Group* du général Omar N. Bradley va pousser dans le même temps en direction de Metz et de la Sarre.

Qu'en pensent les acteurs eux-mêmes ? Le **17 août**, Montgomery a discuté avec Bradley de la stratégie à adopter dans les semaines à venir. Après avoir traversé la Seine, dit-il, leurs deux groupes d'armées devraient rester groupés en une masse homogène pour pousser vers le nord, vers la Ruhr, en un seul effort. Bradley ne manifeste pas de désaccord et Montgomery croit comprendre qu'il est parfaitement en phase avec lui. Le lendemain, Montgomery fait part par écrit de son plan au chef d'Etat-Major Impérial, le maréchal Alan Brooke : « *Les* 12th *et* 21st Army Groups *devraient rester ensemble en une masse de 40 divisions qui serait alors si puissante qu'elle ne craindrait rien.* » Il précise toutefois qu'il n'en a encore pas parlé avec Eisenhower.

Montgomery revoie Bradley le **19 août** et apprend à cette occasion que, conformément aux directives stratégiques du SHAEF, Eisenhower prévoie toujours d'attaquer sur un front large et qu'il projette donc d'envoyer une armée vers Nancy. Montgomery dira que Bradley a changé d'avis depuis leur dernière rencontre mais on peut penser que le silence de Bradley quand Montgomery lui a exposé son projet le 17 août n'était déjà pas un acquiescement.

Le **23 août**, Eisenhower rencontre Montgomery à Condé-sur-Noireau et lui fait part de ses projets. Ce dernier en profite alors pour défendre son propre projet d'une seule et puissante attaque vers le nord, en direction de la Ruhr. Eisenhower accède pour partie à sa demande et décide d'engager la *1st US Army* (*Lieutenant-General* Courtney H. Hodges) en soutien de l'avance du *21st Army Group* : ainsi, au lieu d'avancer vers l'est pour passer au sud des Ardennes, la *1st US Army* doit désormais avancer vers le nord-est pour passer au nord. Cependant, même s'il donne ainsi la priorité au flanc gauche de ses armées, Eisenhower n'a pas abandonné le concept d'une avance sur un large front : une attaque vers l'est est toujours d'actualité et la *3rd US Army* du *Lieutenant-General* George S. Patton va poursuivre sa progression vers la Marne puis la Moselle.

En fait, ce sont principalement des considérations logistiques qui ont amené Eisenhower à s'éloigner des recommandations initiales du SHAEF. En effet, la logistique s'avère pour l'instant incapable d'approvisionner toutes les armées aux niveaux requis et il faut donc concentrer les efforts. Par ailleurs, les mêmes difficultés logistiques font de la capture d'Anvers et de son port un objectif de première urgence. Dans « *Crusade in Europe* » publié en 1949, Eisenhower confirmera le bien-fondé de sa décision : Montgomery « *ne voyait pas dans quelle situation impossible il aurait mis tout le reste de notre front lorsqu'arrivé à bout de souffle et de ravitaillement, il aurait été obligé de s'arrêter ou de se retirer* ».

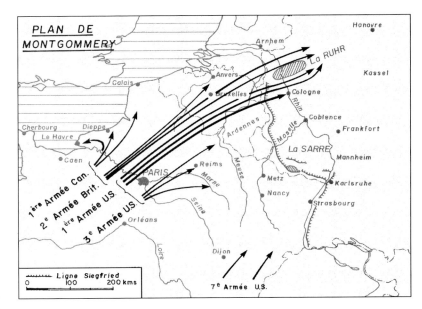

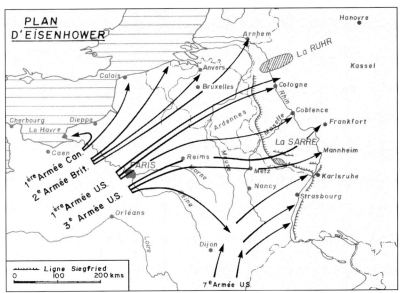

**Poussée sur front étroit ou sur front large ?**

Certains que les Allemands vont tout faire pour défendre la Ruhr, les stratèges du SHAEF pensent que la prise de cette région industrielle vitale pour le IIIe Reich va permettre tout à la fois d'affaiblir l'effort de guerre allemand et de détruire les forces armées engagées pour la défendre. Ils ont donc retenu l'idée d'avancer sur un large front et d'attaquer à la fois au nord et au sud des Ardennes, avec l'attaque principale au nord sur un axe Amiens – Maubeuge - Liège et une attaque secondaire en direction de Metz, de la Sarre et du Rhin. A la fin août, Montgomery fait connaître, avec insistance, son avis : les deux groupes d'armées alliés doivent rester grouper en une masse homogène pour pousser vers le nord, vers la Ruhr, en un seul effort (carte du haut). De son côté, conformément aux directives stratégiques du SHAEF, Eisenhower pense toujours attaquer sur un front large. Le 23 août, tous deux se rencontrent et Montgomery défend son projet d'une seule et puissante attaque vers le nord, en direction de la Ruhr. Eisenhower accède pour partie à sa demande et décide d'engager la *1st US Army* vers le nord-est, en soutien de l'avance du *21st Army Group* ; cependant, s'il donne ainsi la priorité au flanc gauche, Eisenhower n'a pas abandonné le concept d'une avance sur un large front. La directive M-520 relaie bientôt ses instructions : au centre, la *2nd British Army* va faire l'effort principal sur un axe Amiens - Lille - Gand. A ses côtés, la *1st US Army* va avancer via Charleroi, Namur et Liège. Sur la gauche, la *1st Canadian Army* va nettoyer la côte du Pas-de-Calais. Sur la droite, la *3rd US Army* va mener la conquête de la Bretagne à son terme et poursuivre sa progression vers la Marne puis la Moselle (carte du bas). Au sud, les unités du *6th Army Group* qui ont débarqué en Provence avancent vers l'Alsace, sur un front qu'Eisenhower ne cessera de considérer comme secondaire.

Suite à sa rencontre avec Montgomery, le **24 août**, Eisenhower confirme par écrit les plans évoqués la veille : la « principale mission offensive » du *12th Army Group* est bien d'appuyer le *21st Army Group* et Montgomery a l'autorité pour assurer la « nécessaire coordination opérationnelle » entre ses propres armées et l'aile gauche du groupe d'armées de Bradley.

Le **26 août**, toujours commandant des forces terrestres sur le continent, Montgomery rédige la directive M-520 qui relaie les instructions d'Eisenhower. Trois armées vont attaquer de la Seine vers la Ruhr : la *1st Canadian Army*, la *2nd British Army* et la *1st US Army* et, pour dynamiser leur avance, les parachutistes de la *1st Allied Airborne Army* pourront être engagés dans une opération aéroportée. Au centre, sans se préoccuper de l'avance des armées sur ses flancs, la *2nd British Army* du *Lieutenant-General* Miles C. Dempsey va faire l'effort principal sur un axe Beauvais - Amiens - Lille - Gand. Sur la droite, au-delà de la limite entre les deux groupes d'armées qui va de Mantes à Anvers, la *1st US Army* va avancer via Charleroi, Namur et Liège. Sur la gauche, la *1st Canadian Army* du *Lieutenant-General* H.D.G. Crerar va nettoyer la côte du Pas-de-Calais jusqu'à Bruges en s'emparant des ports du Havre, de Dieppe, de Boulogne... et en neutralisant les bases de lancement de V1. Sur le flanc droit, la *3rd US Army* doit mener la conquête de la Bretagne à son terme et se préparer à reprendre son avance vers le Rhin (ce n'est que le 5 septembre que la *9th US Army* va prendre la Bretagne en charge, permettant ainsi à la *3rd US Army* de se concentrer sur le seul front qui compte, celui qui mène vers l'Allemagne).

Suite à une suggestion faite par Bradley, la limite entre les deux groupes d'armées est bientôt infléchie à Tournai, cela de façon à ce que Bruxelles soit clairement dans la zone affectée à l'armée britannique. Cet ajustement va donner au *Lieutenant-General* Dempsey l'espace qui lui permettra de poursuivre vers le nord-est dans le secteur d'Anvers et élimine ainsi le risque de voir l'avance du *21st Army Group* buter sur l'estuaire de l'Escaut. De plus, clarifiant la situation dans le secteur de Tournai, cet ajustement va faciliter le déploiement de l'opération aéroportée que les Alliés envisagent de lancer dans ce secteur pour les premiers jours de septembre.

Au cours du récent débat stratégique, Montgomery a insisté sur le fait que pour réussir une ambitieuse attaque vers la Ruhr, il fallait « une parfaite coordination » et que pour y parvenir, il fallait « un commandant unique ». En fait, Montgomery se bat pour rester le commandant en chef des forces terrestres à l'Ouest, comme en témoigne le mémorandum de sa rencontre du 22 août avec le *Lieutenant-General* Archibald Nye : « *changer le système de commandement maintenant, après avoir remporté une grande victoire, prolongerait la guerre* ». Eisenhower sait ce que Montgomery a derrière la tête et il confirme par écrit le 24 août que les dispositions relatives au commandement vont être mises en œuvre le 1er septembre, à 2 h 00, tel que cela a été prévu depuis juin : les deux groupes d'armées (appelés *Northern Group of Armies* et *Central Group of Armies* dans cette note) vont passer « sous le commandement opérationnel direct du *Supreme Commander* », Eisenhower. La mission confiée à Montgomery, « la coordination entre les *21st Army Group* et *12th Army Group* », cessera ce jour-là.

Cette décision est logique. En effet, selon ses vues, le *12th Army Group* et le *21st Army Group* vont bientôt avancer sur des axes divergents et la mission de coordination confiée à Montgomery n'a plus de raison d'être. Par ailleurs, la prééminence donnée à Montgomery est de moins en moins acceptée Outre-Atlantique et les journaux américains s'étonnent du fait que bien qu'il commande un groupe d'armées, Bradley reste sous le contrôle opérationnel de Montgomery. Le chef d'état-major général de l'armée des Etats-Unis, le général George C. Marshall, intervient alors auprès d'Eisenhower et lui demande d'assumer, comme prévu, le commandement des forces terrestres. Quant à Churchill, s'il a récemment fait savoir à Eisenhower que Montgomery serait promu *Field-Marshal* à l'annonce de la fin de sa mission de coordination, il a insisté sur le fait que cela ne changera rien quant à sa position vis-à-vis d'Eisenhower. Il s'agit, a-t-il expliqué, d'une concession nécessaire à l'opinion publique britannique.

Le **31 août**, Montgomery cesse d'être commandant des forces terrestres et Eisenhower prend le commandement le 1er septembre. Ce même jour, Montgomery est promu *Field Marshal*.

Un front étroit ou un front large ? C'est sans doute ce dont il est question sur cette carte car cette photo a été prise le 17 août, au P.C. de Bradley installé dans la Manche à Saint-James. Ce jour-là, Montgomery a présenté, avec insistance, la stratégie qu'il préconise d'adopter : après avoir traversé la Seine, les deux groupes d'armées doivent rester groupés pour foncer en un seul bloc vers la Ruhr. Bradley n'aurait pas exprimé de réticences et Montgomery croit comprendre qu'il est d'accord avec lui. (US Army.)

A Vernon, le génie n'a pas ménagé ses efforts et trois ponts sont en service le 29 août : le pont « David » dont nous avons déjà parlé ; « Goliath », un pont Bailey de classe 40 mis en service le 27 août à 19 h 00 ; « Saul », un autre Bailey de classe 40 mis en service le 29 août à 12 h 00. Ces trois ponts vont permettre au *XXX Corps* de passer ses divisions au nord de la Seine. Mais trois ponts, c'est peu, et pendant des jours, la traversée du fleuve va constituer un vrai goulot d'étranglement. On voit ici le maréchal Montgomery (cette photo a été prise le 1er septembre, le jour de sa promotion) se dressant dans sa voiture pour observer la Seine alors qu'il franchit le pont « Goliath » ; sur la droite, les ruines du pont routier. (IWM.)

# La directive M-520

Diffusée le 26 août, la directive M-520 du général Montgomery a défini la course poursuite de la Seine à Anvers. A cette date, Montgomery est encore chargé d'assurer la coordination entre le *21st Army Group* et le *12th Army Group* et, comme on l'a vu, il souhaite continuer à le faire : « *changer le système de commandement maintenant, après avoir remporté une grande victoire, prolongerait la guerre* »... Peut-être dans l'espoir de rassurer, voire d'amadouer les Américains à un moment où des décisions majeures vont être prises, il a rédigé cette nouvelle directive avec un soin particulier : il ne donne pas d'ordres formels au *12th Army Group* mais se contente de rappeler ceux qu'Eisenhower a donnés à Bradley. En introduction, Montgomery décrit la situation générale :

« *A l'exception de quelques points, l'ennemi a été rejeté loin de la Seine et nos troupes sont entrées dans Paris. Les forces ennemies sont distendues et désorganisées. Elles ne sont en aucun cas en état de faire face pour nous résister. Cela, maintenant, nous donne l'opportunité d'atteindre rapidement nos prochains objectifs et de frapper l'ennemi par de nouveaux coups qui vont encore affaiblir sa capacité à poursuivre la guerre.* »

« *Les missions du* 21st Army Group *sont maintenant :*

*a) d'attaquer vers le nord pour détruire les forces ennemies dans le nord-est de la France et en Belgique ;*

*b) de se saisir du Pas-de-Calais et des aérodromes de Belgique ;*

*c) de se saisir d'Anvers comme d'une base arrière ;*

*Ces missions accomplies, le groupe d'armées devra alors avancer vers l'est, vers la Ruhr.* »

« *La vitesse d'action est vitale. Je ne pourrais jamais insister suffisamment sur ce point : ce que nous avons à faire, nous devons le faire rapidement. Chacun des officiers et des hommes doit comprendre qu'en faisant un prodigieux effort aujourd'hui, nous allons non seulement hâter la fin de la guerre, mais nous allons aussi soulager sans tarder nos familles et amis en Angleterre en nous saisissant des sites de lancement des bombes volantes dans le Pas-de-Calais.* »

La *2nd British Army* doit franchir la Seine à toute vitesse et s'établir dans le secteur Arras - Amiens - Saint-Pol, prête à poursuivre en Belgique. La *1st Canadian Army* va s'assurer du port de Dieppe puis « *détruire les forces ennemies présentes le long de la côte jusqu'à Bruges. Un corps d'armée va avancer dans la péninsule du Havre, pour détruire les forces ennemies qui s'y trouvent et se saisir du port. Il ne faudra pas engager à cette fin plus de forces que nécessaire. L'objectif principal est au nord, et dans le Pas-de-Calais* ». Quant au *12th Army Group*, « *il a reçu l'ordre d'attaquer sur son aile gauche, sa principale mission offensive étant, pour le moment, d'appuyer le* 21st Army Group *dans l'atteinte des objectifs donnés ci-dessus* »...

En conclusion, Montgomery insiste: « *L'ennemi n'a pas les troupes pour tenir une solide position. La tactique à utiliser est celle de colonnes blindées puissantes et mobiles qui vont contourner les points de résistance de l'ennemi et pousser résolument en avant, créant ainsi pagaille et accablement sur ses arrières. Les points de résistance ennemis contournés doivent être traités par des unités d'infanterie qui arriveront plus tard. Je compte sur chacun des officiers, quel que soit son grade, pour pousser vers l'avant avec la plus grande énergie. Toute tentation à la prudence ou à la consolidation doit être rejetée sans égard.* »

## La progression des troupes américaines vers la Seine

**1.** Le 16 août, les avant-gardes de la *3rd US Army* se déploient entre Dreux et Chartres, avec le *XV Corps* sur la gauche et le *XX Corps* sur la droite. Au soir, l'Eure est franchie et si la garnison de Chartres tient encore, Dreux est pris. Au sud, le *XII Corps* est à Orléans. Cette photo a été prise à Dreux, le 16 août, et ce *Sherman* appartient sans doute à la *5th Armored Division*.

**2.** Le 20 août, dans l'espoir de couper les voies de repli des unités allemandes, le *12th Army Group* pousse deux corps d'armées vers le nord, le *XIX Corps* à l'ouest de l'Eure, en direction d'Elbeuf, et le *XV Corps* entre Seine et Eure. Les unités américaines s'engagent ainsi franchement dans le secteur du *21st Army Group...* Cette photo a été prise le 27 août à Pacy-sur-Eure, alors que les unités américaines se retirent vers le sud, quittant le secteur britannique, et que les unités du *21st Army Group* avancent vers la Seine. L'incident est clos. Le motard américain est le caporal Gordon C. Powell, de l'Alabama, le motard britannique le caporal Baltins Dogoughs, du *Somerset*.

(US Army.)

**3.** Au sud de Paris, les avant-gardes du *XX Corps* s'avancent vers la Seine. Cette photo a été prise à Fontainebleau le 23 août : la Seine est à deux kilomètres et dans quelques heures, le *11th Infantry Regiment, 5th Infantry Division*, aura établi une tête de pont à Vulaines-sur-Seine.

**4.** Dans le même temps, le *10th Infantry Regiment* a franchi le Loing puis atteint la Seine à Montereau, juste en aval du confluent avec l'Yonne. Cette photo a été prise le 25 août, alors qu'un *Sherman* de *la 7th Armored Division* essaie de déloger des tireurs allemands qui prennent les GI's à partie depuis l'autre rive de la Seine.

(US Army.)

1

## La tête de pont britannique à Vernon

**1** et **2.** Aux premières heures du 25 août, la *43rd (Wessex) Division* atteint la Seine à Vernon. A 16 h 00, le commandant de la *129th Brigade* réunit les officiers pour un dernier briefing et l'heure H est fixée à 19 h 00. Sur la gauche, le *4th Battalion* du *Somerset Light Infantry* lance ses canots en amont du pont de chemin de fer détruit (mouvements I et II du haut sur la carte couleur p. 20) ; sur la droite, le *5th Battalion* du *Wiltshire Regiment* lance les siens en amont du pont routier (mouvements I et II du bas sur la carte p. 20). A minuit, deux têtes de pont ont été établies.

**3.** Le site ainsi couvert, le *1st Battalion* du *Worcestershire Regiment* franchit le fleuve sur les ruines du pont routier et progresse dans Vernonnet aux premières heures du 26 août.

**4.** Dès 20 h 15 au soir du 25 août, avec les *204th* et *553rd Field Companies*, le *15th (Kent) G.H.Q. Troops Engineers* commence la construction d'un premier pont flottant, un pont FBE de classe 9 ; il est mis en service le 26 août à 17 h 30. Cette photo du pont « David » a été prise de la rive gauche de la Seine.

2

3

4

5 et 6. Cela ne suffit pas et le *7th Army Troops Engineers* attaque bientôt l'assemblage d'un pont Bailey de classe 40. Les *71st*, *72nd* et *73rd Field Companies* travaillent d'arrache-pied à la construction du pont « Goliath » ; la *584th Field Company* apporte également sa contribution. Le front est loin maintenant et toute la ville est dans la rue : on offre du vin à ce soldat sans doute intimidé par toutes ces jeunes filles qui lui sourient et on raconte un exploit à un reporter photographe...

(IWM.)

5

6

**3**

## La progression des troupes anglo-canadiennes vers la Seine

**1.** En pointe du *XII Corps*, la *15th (Scottish) Division* établit une nouvelle tête de pont près de Louviers le 27 août. Cette photo des avant-gardes de la *15th (Scottish) Division* a été prise à Saint-Pierre-du-Vauvray, non loin du pont d'Andé, par le capitaine D. Knight. Le 29 août, le contact est établi avec la tête de pont du *XXX Corps* à Vernon. (IWM.)

**2.** En aval, dans le secteur de la *1st Canadian Army*, la population de Pont-Audemer réserve un accueil chaleureux à ses libérateurs, ici sans doute des éléments de la *49th (West Riding) Division, I British Corps*. Cette photo a été prise par le *Sergeant* Wilkes. (IWM.)

**3.** Le 30 août, des patrouilles de la *9th Brigade, 3rd Canadian Division*, entrent à Rouen tandis que les FFI s'activent et que les collaborateurs sont arrêtés... (R. Jacques.)

**4.** En avançant vers Quillebeuf, ces soldats du *Squadron A, 49th Reconnaissance Regiment, 49th (West Riding) Division*, font quelques prisonniers. (IWM.)

**4**

## La ligne Kitzinger

**1.** Au début août, désormais conscients qu'il est temps de préparer une ligne de défense à l'arrière du front de Normandie, Hitler et ses conseillers ont tracé cette ligne sur la carte : elle doit s'appuyer sur la Somme, la Marne, la Saône et le Jura. Le 3 août, les équipes de l'*Organisation Todt* qui travaillent encore en France reçoivent l'ordre d'abandonner les chantiers en cours pour s'y consacrer sans tarder. De plus, des travailleurs civils sont requis. Bientôt, on creuse des tranchées « avec de la sueur et de la peine » comme l'indique ce panneau... Cette photo a été prise à la fin août dans le cadre de la construction de lignes de défense, sans doute en Lorraine.

**2, 3,** et **4.** A la fin du mois d'août, quand Model la prend en charge, la ligne Kitzinger n'existe pas. Quelques routes barrées, des ponts minés, rien de plus. A Epinal, un pont sur la Moselle est miné...

**5.** Sur le pont, tandis que mines et barbelés sont mis en place, un vétéran explique le maniement du bazooka américain à de jeunes recrues. La fusée de bazooka (ici une M6A1) mesure 55 centimètres de long et pèse 1,5 kilogrammes ; elle quitte le tube à 82 m/s, ce qui lui donne une portée efficace de 275 mètres environ.

**6.** Un canon antichar de 50 mm a été mis en batterie sur la Place des Vosges : ainsi, il contrôle le passage du pont.

(ECPArmées.)

5

6

## La retraite allemande : Gournay et...

La retraite continue, dans l'espoir d'un rétablissement du front sur la ligne Kitzinger. Ces photos de la retraite ont été prises à Gournay-en-Bray. Des hommes à pied, en motos, en camions... Il ne fait pas beau ce jour-là, ce qui est une chance pour ces soldats car les nuages les protègent des redoutables *Jabos*.

(ECPArmées.)

### ... Beauvais

Dans des conditions bien difficiles, la *5. Panzer-Armee* s'efforce de contrôler le mouvement de plus de 250 000 hommes : le ravitaillement fait défaut, les communications sont pratiquement inexistantes, l'improvisation est la règle... Beaucoup d'unités ont été décimées, toutes sont dispersées, les hommes sont épuisés. La *15. Armee* fait des miracles pour accueillir et regrouper ces unités. Ces photos, prises à Beauvais dans les derniers jours d'août, montrent toutefois que les services fonctionnent encore bien : des panneaux indicateurs orientent les hommes, on enregistre leur présence, on les nourrit et sans doute les dirige-t-on sur un chemin de repli bien défini. Rassérénés par l'ordre qui semble se rétablir, ces hommes vont repartir vers la ligne Kitzinger, une ligne de défense qui n'existe que sur la carte. Ces soldats n'ont pas trop mauvaise allure après des jours d'une retraite sans répit sous les coups de l'aviation alliée. A noter toutefois que le photographe s'est probablement détourné des groupes d'hommes hagards et dépenaillés. (ECPArmées.)

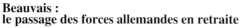

## Beauvais :
## le passage des forces allemandes en retraite

**1.** Du 19 au 30 août, un habitant de Beauvais, M. Fernand Watteeuw, a pris près d'une centaine de remarquables photos de la retraite allemande qui, mises bout à bout, constituent un fantastique reportage sur le repli de la *Wehrmacht*. Par chance, il habite sur l'un des axes de repli, la rue de Clermont. Il dispose d'un *Voigtlander* 6x9 qu'il a acheté en 1936 et il ne manque pas de cran : il en faut en effet pour photographier, même en se dissimulant, ces soldats dont on peut craindre des réactions violentes. Ici un groupe de cyclistes photographié le 20 août.

**2** et **3.** Le même jour, il photographie un Sd.Kfz. 250 camouflé avec des branchages qui passe devant quatre cheminots allemands retraitant à pied. Un peu plus tard arrive une voiture à cheval réquisitionnée dans une ferme à laquelle est attaché un cheval de rechange...

**4.** Le 23 août, un Pz.Kpfw. IV passe devant l'objectif de Fernand Watteeuw.

(Coll. F. Watteeuw.)

3

4

## Beauvais : le passage des forces allemandes en retraite (suite)

**1.** Le mouvement des troupes de la *Wehrmacht* ne cesse pas à Beauvais tout au long de ces journées du mois d'août. Le 24, un *Tiger II* de la *schwere SS-Panzer-Abteilung 101* roule en sens inverse du flux de la retraite : il monte donc vers le front... On remarquera les trois soldats assis au premier plan qui se sont accordés quelques instants de repos sur un banc.

**2.** Le 27 août, des fantassins, tête nue et l'arme à l'épaule, passent d'un pas rapide. A noter que deux nouveaux panneaux ont été installés au carrefour sous celui indiquant la *Feldgendarmerie*.

**3.** Plus tard surgissent des semi-chenillés Sd.Kfz. 251. La pluie qui s'est mise à tomber met cette colonne à l'abri des coups de l'aviation allié...

**4.** Le 30 août, dernier jour de la retraite allemande. On voit ici une colonne de voitures doubler un convoi disparate dans lequel se mêlent des fantassins à pied et à vélo, ainsi que des charrettes tirées par des chevaux. Tous les moyens de locomotion utilisés par les troupes de la *Wehrmacht* pour se replier sont présents sur ce cliché. Les véhicules sont recouverts de branchages. Un fût d'essence vide abandonné sur le bord de la chaussée illustre la pénurie de carburant...

**5.** Au carrefour, un camion d'une unité SS s'est arrêté.

(Coll. F. Watteeuw)

4

5

**Beauvais : le passage des forces allemandes en retraite** (suite et fin)

**1.** Toujours le 30 août, rue de Clermont, deux *Jagdpanther* de la *schwere Panzerjäger-Abteilung 654*, l'un remorquant l'autre.

**2.** Une des dernières photos de la retraite à Beauvais alors que le bruit du canon se fait entendre au loin et que de puissantes explosions secouent la ville (les Allemands détruisent leurs installations au camp d'aviation de Tillé)...

(Coll. F. Watteeuw.)

# Objectif Amiens !

## La mission de la *2nd British Army*

Bien décidé à montrer sa capacité à exploiter une percée et inquiet des difficultés qu'il a éprouvées en Normandie avec plusieurs de ses subordonnés qui avançaient au rythme du règlement quelle que soit la résistance rencontrée, Montgomery a donné des ordres pressants à la *2nd British Army*. L'avance vers le nord doit être « *rapide et sans pause* » et la tactique à utiliser est la suivante : « *de puissantes colonnes blindées doivent contourner les points tenus en force par l'ennemi et pousser avec audace en avant, créant ainsi pagaille et accablement dans ses arrières* ». Il demande à chacun des officiers, quel que soit son grade, « *de pousser ses hommes vers l'avant avec la plus grande énergie. Toute idée de prudence ou de consolidation doit être rejetée sans égard* ». Jusqu'en Belgique, le terrain d'opération de la *2nd British Army* est idéal pour la guerre de poursuite à laquelle les blindés britanniques ont été entraînés : ouvert, plat, avec peu de forêts, doté de bonnes routes et avec peu de cours d'eau...

Le *Lieutenant-General* Dempsey décide d'envoyer deux corps d'armée vers la Belgique, jusqu'à Gand, Bruxelles et Anvers, le *XXX Corps* au centre, le *XII Corps* sur la gauche. Le premier va avancer sur un axe Amiens - Arras - Bruxelles - Anvers, le second sur un axe Gournay - Hangest - Béthune - Lille - Gand. Du fait des difficultés logistiques, une telle opération n'est possible qu'en immobilisant le *VIII Corps* dans le secteur de Flers, loin à l'ouest de la Seine ; de plus, une grande partie de l'artillerie va également rester sur place. De même, les colonnes du train de la *1st Canadian Army* ont également été réduites au profit de la *2nd British Army*.

## Le *XXX Corps*, 29 et 30 août

Le *XXX Corps* démarre de Vernon le **29 août**, trois jours après l'ordre de Montgomery. La *11th Armoured Division* marche en tête, avec la *29th Armoured Brigade* sur la gauche et la *8th Armoured Brigade* qui est rattachée pour couvrir le flanc droit en attendant la montée en ligne de la *Guards Armoured Division*. Axe d'avance : Les Thillier - Saint-Germer - Amiens ; unité de reconnaissance sur la gauche : le *Inns of Court Regiment* ; sur la droite : le *2nd Household Cavalry Regiment*.

Le premier jour, l'avance ne dépasse pas trente kilomètres : les éléments retardateurs déployés par le *LXXXI. Armee-Korps* sont peu nombreux mais efficaces et, comme à Mainneville et Doudeauville sur l'axe gauche et Bray-et-Lû sur l'axe droit, champs de mines et poches de résistance ralentissent l'avance des avant-gardes britanniques. De plus, les conditions météorologiques sont mauvaises. Au **soir du 29 août**, sur l'aile gauche, les avant-gardes de la *11th Armoured Division* sont à **Mainneville** (*3rd Royal Tanks*) et **Longchamps** (*2nd Fife and Forfar Yeomanry*). Sur le flanc droit, la *8th Armoured Brigade* a rencontré plus de difficultés et n'a pas dépassé **Vesly** et **Dangu** mais les ponts sur la rivière Epte sont pris, et intacts.

La météo s'améliore le lendemain, la résistance des Allemands est plus faible et la progression s'accélère. Dans les villages traversés, les cloches sonnent à la volée et les villageois saluent le passage des convois en agitant des drapeaux. Sur la gauche, les trois régiments de la *29th Armoured Brigade* approchent vers 16 h 00 de Marseille-en-Beauvaisis. Sur la droite, après avoir bataillé une grande partie de la journée contre un solide groupe d'arrière-garde allemand, la *8th Armoured Brigade* atteint **Beauvais** à **17 h 00**. Elle dégage alors et la *Guards Armoured Division* (qui a traversé à Vernon juste derrière la *11th Armoured Division*) prend la tête sur le flanc droit, direction Breteuil ; unité de reconnaissance en tête : *2nd Household Cavalry Regiment*. Suivent les *50th (Northumbrian) Division* et *43rd (Wessex) Division*.

Rappelons que la *11th Armoured Division* comprend deux brigades, la *29th Armoured Brigade* et la *159th Infantry Brigade*, un régiment d'artillerie, un régiment de reconnaissance blindé, des éléments du génie, de D.C.A., de reconnaissance...

La *29th Armoured Brigade* encadre trois régiments de chars, le *2nd Fife and Forfar Yeomanry*, le *23rd Hussars* et le *3rd Battalion Royal Tank Regiment* (que nous appellerons *3rd Royal Tanks* comme il est coutume de le faire), et un bataillon d'infanterie portée, le *8th Battalion The Rifle Brigade* (que nous appellerons *8th Rifle Brigade*). Sur le papier, chacun de ces régiments de chars comprend 666 hommes et dispose de 61 chars Sherman répartis en trois *Squadrons* (cela avec quatre chars par *Troops*, soit 19 chars par *Squadron*), onze chars légers *Stuart* à la *Troop* de reconnaissance et quatre *Sherman* à l'état-major du régiment. Le *8th Rifle Brigade* comprend 819 hommes.

Le régiment de reconnaissance blindé divisionnaire, le *15th/19th The King's Royal Hussars*, est fort de trois *Squadrons* de chars, chacun avec quatre *Troops* de trois *Cromwell* et un *Challenger*, et une *Troop* d'EM avec trois *Cromwell* ; l'état-major du régiment a quatre *Cromwell*.

Le commandant de la *2nd British Army* est le *Lieutenant-General* Miles C. Dempsey. On le voit ici, à droite, à la fin d'une conférence d'état-major, en juillet, en compagnie du *Lieutenant-General* Richard N. O'Connor, le commandant du *VIII Corps*. Ce corps sera immobilisé en Normandie jusqu'en septembre afin d'assurer le ravitaillement des unités en opérations. (IWM.)

Au passage à niveau de Goincourt, juste à l'ouest de Beauvais, les avant-gardes du *XXX Corps* ont détruit ce convoi le 30 août dans l'après-midi. Cette photo a été prise peu après par M. Fernand Watteeuw. (Coll. F. Watteeuw.)

La *159th Infantry Brigade* comprend trois bataillons d'infanterie, le *1st Battalion The Herefordshire Regiment*, le *3rd Battalion The Monmouthshire Regiment* et le *4th Battalion The King's Shropshire Light Infantry*... Comme il est coutume de le faire, nous avons choisi d'utiliser désormais une appellation allégée pour désigner ces bataillons : le *1st Herefordshire*, le *3rd Monmouthshire* et le *4th King's Shropshire Light Infantry*. Par contre, nous avons choisi de ne pas franciser le mot « Bataillon » que les Anglo-Saxons écrivent, comme nous pouvons le voir dans le nom de ces unités, « Battalion ».

Un très intéressant témoignage décrivant les premiers jours de la poursuite, l'avance vers la Seine et sa traversée, est paru en 1960 dans un ouvrage rédigé par R.J.B. Sellar, ouvrage publié par l'association « *Fife and Forfar Yeomanry* ».

« *Le régiment quitte L'Aigle au matin du 28 août à 8 h 00. La Seine est notre premier objectif et nous devons la traverser à Vernon. Nous y arrivons vers 15 h 00 mais l'ordre attendu de bivouaquer pour la nuit n'arrive pas et après une heure d'attente, c'est l'ordre de continuer qui arrive. Le trafic sur le pont est tel qu'un énorme embouteillage se forme et il est près de minuit quand le régiment atteint enfin le secteur où il doit bivouaquer, à quelque distance au nord-est de la ville (près de Tilly).* »

« *Le lendemain (29 août), avec le* 2nd Fife and Forfar Yeomanry *en tête, la brigade avance via Tourny, Guitry, Hacqueville, Etrépagny et Longchamps. Les optimistes qui pensaient que les Allemands allaient se replier dès la Seine franchie sont surpris quand le* Squadron C (Fife and Forfar Yeomanry) *se heurte à Guitry à une sérieuse résistance. Deux chars sont endommagés mais cette escarmouche* ne dure pas et l'escadron poursuit son avance. Des combats plus sérieux ont lieu devant Etrépagny mais le* Squadron B *en vient à bout et poursuit jusqu'à Doudeauville. Là, l'ennemi nous attend avec une batterie de canons antichars et le* Squadron B *perd deux chars. Le* Squadron C *manœuvre sur le flanc de l'ennemi et détruit deux de ces canons avant que la batterie ne se retire. L'avance se poursuit alors vers Longchamps où de nombreux fantassins allemands sont encore présents. Ils tirent sur nous en faisant grands bruits mais ne résistent pas longtemps.* »

« *Le lendemain (30 août), l'axe d'avance passe par Mesnil, Saint-Germer, Songeons, Prévillers et Hétomesnil. Nous tombons en chemin sur une concentration de véhicules ennemis qui sont rapidement détruits et les hommes se rendent pour la plupart après un bref simulacre de résistance. Dans son journal de marche, le* Major J.D. Hutchison *a noté que la journée était de "celles qui vous remontent le moral". L'entrée dans les villages libérés est des plus frappantes, les habitants joyeux se précipitant dans la rue dès qu'ils comprennent que ces chars sont britanniques.* »

Le *3rd Royal Tanks* et le *2nd Fife and Forfar Yeomanry* marchent en tête mais le *23rd Hussars*, le troisième régiment blindé de la *29th Armoured Brigade*, suit de près les pointes du *XXX Corps* comme en témoigne ce récit paru en 1946 sous le titre « *The story of the Twenty-Third Hussars* ».

« *Nous partons tôt au matin du 28 août pour gagner notre zone de rassemblement près de la Seine. Il fait chaud et notre avance est pénible du fait des embouteillages sur les routes et de la poussière qui irrite les yeux jusqu'à les rendre rouges et larmoyants. Nous arrivons vers quatre heures de* l'après-midi et la brigade se rassemble autour de nous. Des véhicules vont et viennent vers la tête de pont où les choses semblent bien se passer. »

« Alors que nous nous préparons pour la nuit, des ordres arrivent soudain. Des éléments précurseurs doivent partir de suite, traverser le fleuve et trouver dans la tête de pont des emplacements pour passer la nuit. Le régiment démarre à 19 h 30 mais nous sommes bien vite pris dans les inévitables embouteillages et ce n'est pas avant deux heures du matin que nous arrivons enfin à l'endroit choisi. Il a fallu grimper une colline boisée au sommet de laquelle un Tigre à l'allure formidable a été détruit. On s'est battu ici il y a peu de temps et près de notre camp, des fermes brûlent encore quand nous nous endormons. »

« Il pleut à verse quand nous partons le lendemain matin (le 29 août), en réserve, derrière le 3rd Royal Tanks. La journée est sans histoire mais l'avance est lente et au soir, nous sommes à peine à trente kilomètres de la Seine. Des carcasses de Sherman en flammes dans le crépuscule nous indiquent que le 3rd Royal Tanks a rencontré des difficultés. Le Squadron C (du 23rd Hussars) et la Company H (de la Rifle Brigade) partent pour les soutenir et dans la nuit qui tombe ils engagent un canon et des éléments d'infanterie. »

« Nous passons en tête le lendemain matin (le 30 août). Nous pensons que l'avance va être lente et payée de deux ou trois chars. Les heures qui pas-sent nous montrent que nous étions pessimistes : si ce n'est la pluie incessante, la journée est belle, sans le moindre incident. En atteignant la vallée de l'Epte, nous passons au travers du 3rd Royal Tanks et la 3ᵉ section du Squadron B prend la tête et franchit le pont. Quelques soldats allemands se dispersent dans un bois, d'autres se rendent. Nous arrivons à Saint-Aubin-en-Braye où nous coupons la route de Gournay à Beauvais et Paris. Aucune opposition. A Crillon, quelques obus de mortiers explosent sans effet près de la colonne et nous nous saisissons d'une ferme dont la cour est en-combrée de canons antichars. »

« Progressivement, le terrain devient plus ouvert et nous quittons enfin le bocage. Nous avançons en ordre déployé, en une large formation, comme dans un camp d'entraînement du Yorkshire. C'est le type de terrain pour lequel nous nous sommes entraînés : de l'initiative, une bonne lecture des cartes et du sens tactique peuvent amener de grands succès. Le regard porte très loin mainte-nant, à deux ou trois kilomètres et, du sommet des plis du terrain, nous observons le terrain de nos ju-melles. Une colonne de véhicules allemands en retraite est ainsi repérée, les canons de 75 mm de nos Sherman ouvrent le feu et leurs obus en font un amas de débris en flammes. Un camion d'essence frappé de plein fouet explose, un spectacle magnifique. Il faut calmer l'enthousiasme des chefs de char car ils gâchent inutilement leurs mu-nitions. »

Dans le livre « La Libération dans l'Oise et à Beauvais » publié par le Groupe d'Etude des Monuments et Œuvres d'art de l'Oise et du Beauvaisis (GEMOB), M. Bonnet-Laborderie a rapporté un témoignage décrivant la destruction de ce char : le Tiger tire sur une colonne britannique qui ap-proche, venant de Gisors ; au deuxième coup, il détruit un half-track du 12th Battalion The King's Royal Rifle Corps, 8th Armoured Brigade ; des Sherman répliquent sans tarder et, en quelques instants, le Tiger est mis hors d'état de nuire. On le voit ici alors qu'il a déjà été poussé sur le bord de la route pour dégager le chemin. (IWM.)

29/08
au soir

29th Arm. Brig.
Inns of Court Rgt.

29/08
au soir

30/08

53rd Welsh Div.
et éléments 7th Arm. Div.
(1st Royal Dragoons/4 th Arm. Brig.)

8th Arm. Brig.
2nd Household Cavalry Rgt.

Guards Armoured Division

11th Armoured Division

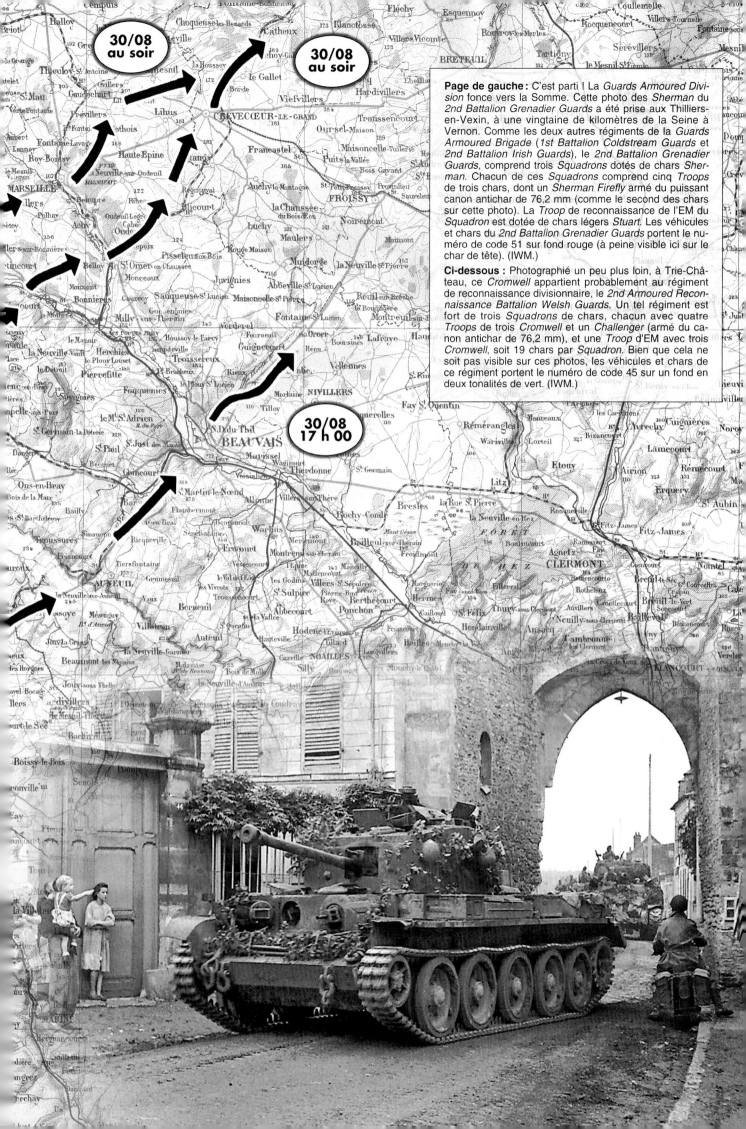

**30/08 au soir**

**30/08 au soir**

**30/08 17 h 00**

**Page de gauche :** C'est parti ! La *Guards Armoured Division* fonce vers la Somme. Cette photo des *Sherman* du *2nd Battalion Grenadier Guards* a été prise aux Thilliers-en-Vexin, à une vingtaine de kilomètres de la Seine à Vernon. Comme les deux autres régiments de la *Guards Armoured Brigade* (*1st Battalion Coldstream Guards* et *2nd Battalion Irish Guards*), le *2nd Battalion Grenadier Guards*, comprend trois *Squadrons* dotés de chars *Sherman*. Chacun de ces *Squadrons* comprend cinq *Troops* de trois chars, dont un *Sherman Firefly* armé du puissant canon antichar de 76,2 mm (comme le second des chars sur cette photo). La *Troop* de reconnaissance de l'EM du *Squadron* est dotée de chars légers *Stuart*. Les véhicules et chars du *2nd Battalion Grenadier Guards* portent le numéro de code 51 sur fond rouge (à peine visible ici sur le char de tête). (IWM.)

**Ci-dessous :** Photographié un peu plus loin, à Trie-Château, ce *Cromwell* appartient probablement au régiment de reconnaissance divisionnaire, le *2nd Armoured Reconnaissance Battalion Welsh Guards*. Un tel régiment est fort de trois *Squadrons* de chars, chacun avec quatre *Troops* de trois *Cromwell* et un *Challenger* (armé du canon antichar de 76,2 mm), et une *Troop* d'EM avec trois *Cromwell*, soit 19 chars par *Squadron*. Bien que cela ne soit pas visible sur ces photos, les véhicules et chars de ce régiment portent le numéro de code 45 sur un fond en deux tonalités de vert. (IWM.)

## La libération de Beauvais

Le 30 août vers 17h00, les *Sherman* de la *8th Armoured Brigade* et la *Guards Armoured Division* entrent dans Beauvais : la ville est libérée après quatre années d'occupation. Comme la série sur la retraite allemande que nous vous avons déjà présentée, ces remarquables photos ont été faites par M. Fernand Watteeuw.

1

2

3

**1, 2** et **3.** Un *Sherman* de la *Guards Armoured Division* devant l'Hôtel-Dieu, puis un *Cromwell* suivi d'un *Tank-Destroyer* M-10 du *21st Anti-Tank Regiment R.A.*, puis un autre *Cromwell*.

**4.** Carrefour de l'Hôtel-Dieu : un char de dépannage (sur châssis de *Cromwell*) de la *5th Guards Armoured Brigade*, un half-track, ainsi qu'une jeep des services de santé divisionnaire. On remarquera, peint sur la tôle ondulée derrière le char, un « S » barré par une flèche. Ce marquage d'une unité allemande est également visible à la page 42 (photo 2) sur la cabane située au carrefour de la rue de Clermont.

**5.** Devant la prison, rue Antoine Caron, un char *Tiger II* qui était déjà immobilisé par une chenille brisée avant les combats. Lors de son entrée en ville, le *Sergeant* Driffield avance son *Sherman* pour prendre le *Tiger* par l'arrière et tire. Au troisième coup, alors que le *Tiger* manœuvre sa tourelle pour faire face, il fait mouche et les deux Allemands qui étaient encore dans le char s'enfuient en courant. Noter qu'il s'agit là d'un modèle précoce de *Tiger II* avec une tourelle Porsche.

(Coll. F. Watteeuw.)

Boulevard du Docteur Lamotte, un équipage du *2nd Armoured Reconnaissance Battalion Welsh Guards* pose devant son *Cromwell*. Le régiment de reconnaissance de la *Guards Armoured Division*, le *2nd Armoured Reconnaissance Battalion Welsh Guards*, est fort de trois *Squadrons* de chars, chacun avec quatre *Troops* de trois *Cromwell* et un *Challenger* (armé du canon antichar de 76,2mm) et une *Troop* d'EM avec trois *Cromwell* ; par ailleurs, l'état-major du régiment a quatre *Cromwell*. (Coll. F. Watteeuw.)

## Le *XXX Corps*, 31 août

Il est apparu clairement dans la journée du 30 août que les défenses allemandes dans le secteur étaient réduites à une ligne sans épaisseur, ligne qui venait d'être brisée, et la décision est prise : les blindés peuvent engager la poursuite ! Le *Lieutenant-General* Brian Horrocks, le commandant du *XXX Corps*, décide de pousser la *11th Armoured Division* vers Amiens dans la nuit, dans l'espoir de se saisir des ponts sur la Somme avant que les Allemands n'aient pu s'établir derrière la rivière. Le *XXX Corps* n'envisage alors pas une opération de nuit : il s'agit d'avancer aussi loin que possible aux dernières lueurs du jour, puis ravitailler rapidement et repartir à la lumière de la lune (qui est pleine) pour avancer jusqu'à ce qu'elle se couche. Il faudra alors s'arrêter et se tenir prêts à repartir aux premières lumières de l'aube.

Comme en témoigne ce récit rapporté par le *Major* Ned Thornburn dans un ouvrage publié en 1987 par l'association « *4th Battalion The King's Shropshire Light Infantry* », les hommes ne s'attendent pas à une telle aventure. La scène qui suit a été vécue à la compagnie D du *4th King's Shropshire Light Infantry*, un des trois bataillons (avec le *1st Herefordshire* et le *3rd Monmouthshire*) de la *159th Infantry Brigade*.

« *Comme tombant du ciel, la voiture du général arrive soudain et le* Major-General *Pip Roberts en sort, comme pour se dégourdir les jambes et parler à ses soldats. Je suis le commandant de compagnie le plus proche et je fais ce que la courtoisie m'ordonne de faire. Je m'approche et je salue le général. Après quelques questions de routine sur la vie de mes hommes, il me demande : Aimeriez vous aller à Amiens ? Ce serait merveilleux, mais*

*les Allemands vont certainement se défendre sur la Somme ! Sans doute, me répond-il d'un ton joyeux, mais ils vont avoir un choc quand nous y arriverons demain matin ! C'est ainsi que j'ai appris que nous allions à Amiens dans la nuit !* »

La nouvelle enchante les avant-gardes de la *11th Armoured Division*, mais si l'idée d'avancer au clair de lune n'inquiète personne, l'approvisionnement en carburant est une réelle difficulté. Ainsi, comme l'a rapporté R.J.B. Sellar, quand il a atteint son objectif du jour, Hétomesnil, le *2nd Fife and Forfar Yeomanry* a reçu l'ordre « excitant » de continuer dans la nuit jusqu'à Amiens. Les réservoirs sont loin d'être pleins...

« *Nous partons bientôt et, malgré leur fatigue, les hommes sont excités par l'audace du projet. Ils savent qu'ils vont rencontrer de nombreuses difficultés, particulièrement pour ce qui est de l'approvisionnement en carburant. Des chars commencent à tomber en panne sèche avant même la fin du jour. Dans ce cas, pour éviter de retarder l'avance, il convient de pousser le char sur le côté de la route et d'attendre que tout le régiment soit passé. Le char en panne peut alors être approvisionné par le premier camion d'essence de l'échelon du train, échelon qui suit toujours juste derrière. A cette date, tout le carburant que nous consommons, d'énormes quantités, est amené par la route, dans des jerrycans, depuis les plages de Normandie. Pour assurer l'élan de l'avance, tous les véhicules disponibles sont utilisés, y compris les moyens de transport des divisions qui ne sont pas effectivement engagées. Des files sans fin de camions roulent dans les deux sens sur la route et pour ne pas ralentir ces files, les conducteurs doivent maintenir une vitesse donnée et ils ont pour consigne de ne pas se préoccuper de ce qui peut arriver. C'est un*

*peu extravagant, mais nécessaire, et ça marche :
à aucun moment le* 2nd Fife and Forfar Yeomanry
*s'est trouvé immobilisé par manque de carburant. »*

Aux dernières lumières du jour, le *3rd Royal Tanks*
est dans le secteur de Catheux (12 kilomètres à
l'ouest de Breteuil) et le *2nd Fife and Forfar Yeomanry* près de La Houssoye, à quelques kilomètres au sud-ouest ; là, les avant-gardes ravitaillent. A 23 h 00, la *29th Armoured Brigade* est prête
à repartir.

Pour atteindre Amiens, la *11th Armoured Division*
va utiliser deux routes : sur la droite, la route directe via Croissy et Saleux, sur la gauche, une route
plus sinueuse via Conty et Taisnil. Sur la route de
droite, vont avancer dans cet ordre le *3rd Royal
Tanks*, le *8th Rifle Brigade*, l'état-major de la *29th
Armoured Brigade*, le *23rd Hussars*, le *4th King's
Shropshire Light Infantry* et l'état-major divisionnaire. Sur la route de gauche, le *2nd Fife and Forfar
Yeomanry*, le *3rd Monmouthshire*, l'état-major de
la *159th Infantry Brigade*, le *1st Herefordshire* et le
*15th/19th King's Royal Hussars*.

Il pleut à verse, ce qui cache la lune alors que,
comme l'a noté R.J.B. Sellar, *« un grand clair de
lune était un des éléments nécessaires au succès
du projet excitant du Lieutenant-General
Horrocks »*. La lune n'est pas au rendez-vous mais
la *29th Armoured Brigade* poursuit néanmoins son
avance, bousculant ici ou là des colonnes allemandes éberluées. Les avant-gardes britanniques
ne rencontrent pratiquement aucune opposition si
ce n'est en quelques endroits où des canons antichars ou des panzers s'efforcent un instant de les
arrêter. Pour assurer la bonne coordination des
mouvements, des officiers à moto roulent sans
cesse le long des convois, en avant puis en arrière, et interviennent chaque fois qu'un véhicule se
laisse distancer, retardant ainsi tous ceux qui le
suivent. A l'occasion, il faut réveiller un chauffeur
qui s'est endormi sur son volant à l'occasion d'une
brève pause. La suite du récit de R.J.B. Sellar restitue à merveille la rapide avance vers Amiens du
*2nd Fife and Forfar Yeomanry* dans la nuit du 30
août :

Ci-contre : Le 30 août, à 16 h 15, le
*Lieutenant-General* Brian Horrocks, le
commandant du *XXX Corps*, convoque
ses commandants de division à Saint-
Germer et leur fait part de sa décision.
R.J.B. Sellar : *« Cette nuit, le corps va
pousser sur Amiens en se débrouillant
pour trouver son chemin à l'instinct et à
la lumière de la lune. Chassez les Allemands d'Amiens avant qu'ils ne fassent
sauter les ponts sur la Somme ! »*. (DR.)

Ci-dessus et ci-contre : Tandis que ces
soldats posent rue Gambetta, avec la
cathédrale de Beauvais à l'arrière-plan,
le *Brigadier-General* N.W. Gwatkin, le
commandant de la *5th Guards Armoured Brigade*, pose devant sa jeep. Le
50 (sur fond rouge) qu'on aperçoit sous
le pare-brise indique que cette jeep appartient au Q.G. de la *5th Guards Armoured Brigade*.

(Coll. F. Watteeuw.)

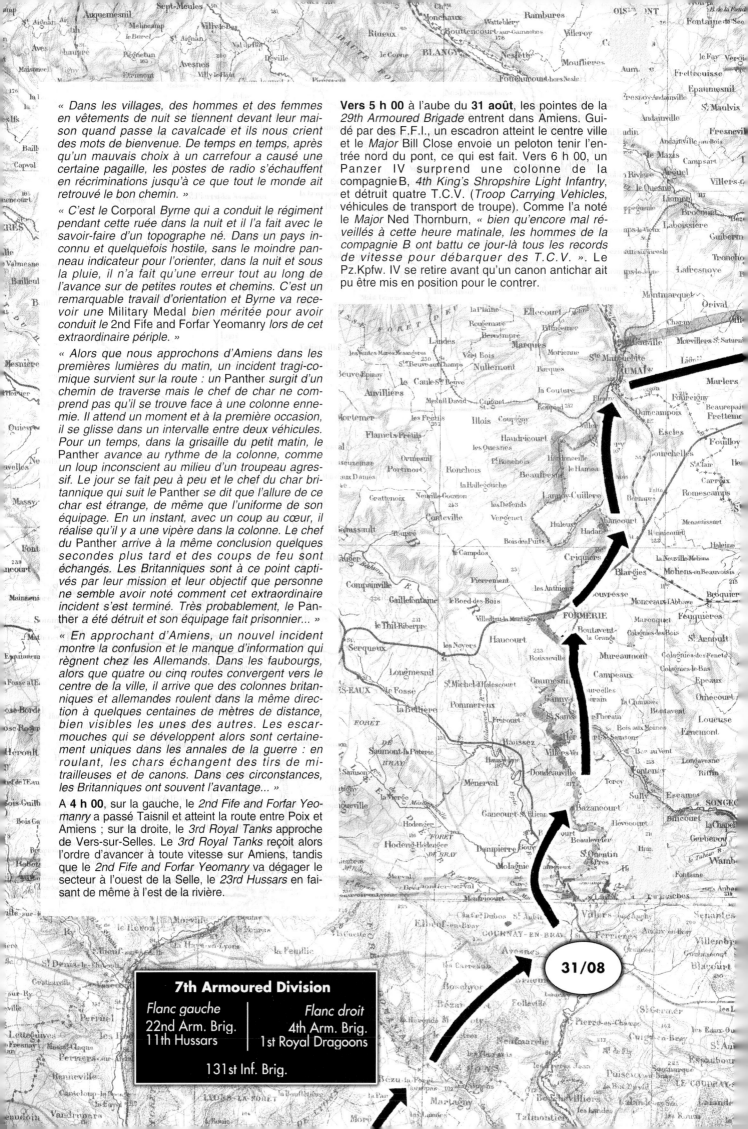

« Dans les villages, des hommes et des femmes en vêtements de nuit se tiennent devant leur maison quand passe la cavalcade et ils nous crient des mots de bienvenue. De temps en temps, après qu'un mauvais choix à un carrefour a causé une certaine pagaille, les postes de radio s'échauffent en récriminations jusqu'à ce que tout le monde ait retrouvé le bon chemin. »

« C'est le Corporal Byrne qui a conduit le régiment pendant cette ruée dans la nuit et il l'a fait avec le savoir-faire d'un topographe né. Dans un pays inconnu et quelquefois hostile, sans le moindre panneau indicateur pour l'orienter, dans la nuit et sous la pluie, il n'a fait qu'une erreur tout au long de l'avance sur de petites routes et chemins. C'est un remarquable travail d'orientation et Byrne va recevoir une Military Medal bien méritée pour avoir conduit le 2nd Fife and Forfar Yeomanry lors de cet extraordinaire périple. »

« Alors que nous approchons d'Amiens dans les premières lumières du matin, un incident tragi-comique survient sur la route : un Panther surgit d'un chemin de traverse mais le chef de char ne comprend pas qu'il se trouve face à une colonne ennemie. Il attend un moment et à la première occasion, il se glisse dans un intervalle entre deux véhicules. Pour un temps, dans la grisaille du petit matin, le Panther avance au rythme de la colonne, comme un loup inconscient au milieu d'un troupeau agressif. Le jour se fait peu à peu et le chef du char britannique qui suit le Panther se dit que l'allure de ce char est étrange, de même que l'uniforme de son équipage. En un instant, avec un coup au cœur, il réalise qu'il y a une vipère dans la colonne. Le chef du Panther arrive à la même conclusion quelques secondes plus tard et des coups de feu sont échangés. Les Britanniques sont à ce point captivés par leur mission et leur objectif que personne ne semble avoir noté comment cet extraordinaire incident s'est terminé. Très probablement, le Panther a été détruit et son équipage fait prisonnier... »

« En approchant d'Amiens, un nouvel incident montre la confusion et le manque d'information qui règnent chez les Allemands. Dans les faubourgs, alors que quatre ou cinq routes convergent vers le centre de la ville, il arrive que des colonnes britanniques et allemandes roulent dans la même direction à quelques centaines de mètres de distance, bien visibles les unes des autres. Les escarmouches qui se développent alors sont certainement uniques dans les annales de la guerre : en roulant, les chars échangent des tirs de mitrailleuses et de canons. Dans ces circonstances, les Britanniques ont souvent l'avantage... »

A **4 h 00**, sur la gauche, le *2nd Fife and Forfar Yeomanry* a passé Taisnil et atteint la route entre Poix et Amiens ; sur la droite, le *3rd Royal Tanks* approche de Vers-sur-Selles. Le *3rd Royal Tanks* reçoit alors l'ordre d'avancer à toute vitesse sur Amiens, tandis que le *2nd Fife and Forfar Yeomanry* va dégager le secteur à l'ouest de la Selle, le *23rd Hussars* en faisant de même à l'est de la rivière.

**Vers 5 h 00** à l'aube du **31 août**, les pointes de la *29th Armoured Brigade* entrent dans Amiens. Guidé par des F.F.I., un escadron atteint le centre ville et le *Major* Bill Close envoie un peloton tenir l'entrée nord du pont, ce qui est fait. Vers 6 h 00, un Panzer IV surprend une colonne de la compagnie B, *4th King's Shropshire Light Infantry*, et détruit quatre T.C.V. (*Troop Carrying Vehicles*, véhicules de transport de troupe). Comme l'a noté le *Major* Ned Thornburn, « *bien qu'encore mal réveillés à cette heure matinale, les hommes de la compagnie B ont battu ce jour-là tous les records de vitesse pour débarquer des T.C.V.* ». Le Pz.Kpfw. IV se retire avant qu'un canon antichar ait pu être mis en position pour le contrer.

**31/08**

## 7th Armoured Division

| Flanc gauche | Flanc droit |
|---|---|
| 22nd Arm. Brig. | 4th Arm. Brig. |
| 11th Hussars | 1st Royal Dragoons |

131st Inf. Brig.

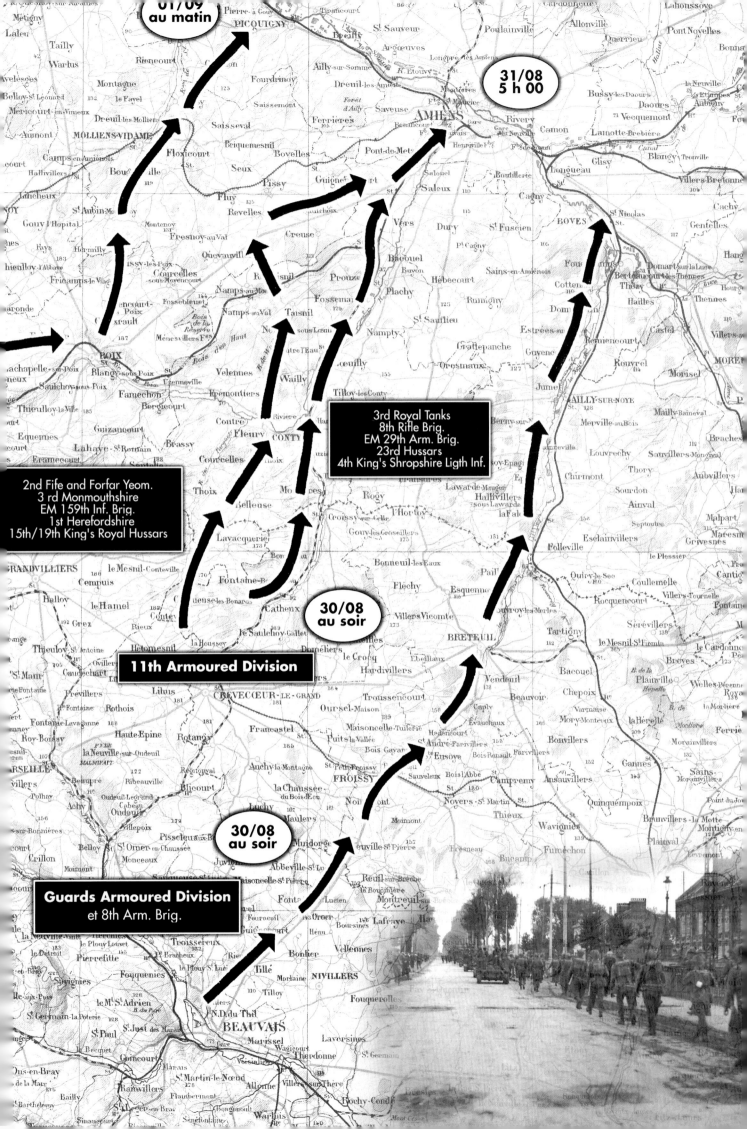

01/09
au matin

31/08
5 h 00

**3rd Royal Tanks
8th Rifle Brig.
EM 29th Arm. Brig.
23rd Hussars
4th King's Shropshire Ligth Inf.**

**2nd Fife and Forfar Yeom.
3 rd Monmouthshire
EM 159th Inf. Brig.
1st Herefordshire
15th/19th King's Royal Hussars**

30/08
au soir

**11th Armoured Division**

30/08
au soir

**Guards Armoured Division**
et 8th Arm. Brig.

Le 31 août, vers 5 h 00 du matin, les avant-gardes de la *29th Armoured Brigade* entrent dans Amiens. Guidés par des F.F.I., des éléments du *3rd Royal Tanks* et du *4th Battalion The King's Shropshire Light Infantry* prennent rapidement le contrôle de la ville et des ponts. Dans l'après-midi du 1er septembre, le *Sergeant* Laws a pris ces photos boulevard d'Alsace-Lorraine, près du pont de Beauville. (IWM.)

Dans la matinée, tandis que le *2nd Fife and Forfar Yeomanry* et le *23rd Hussars* se déploient au sud d'Amiens, le *3rd Royal Tanks* nettoie la ville. Les chars rencontrent toutefois quelques difficultés dans le centre ville et des éléments du *4th King's Shropshire Light Infantry*, sont engagés dans la matinée. A **10 h 40**, le pont principal est pris par le *23rd Hussars* et, dans l'après-midi, la tête de pont au nord de la Somme fait déjà cinq kilomètres de large.

Sur la droite, **vers midi**, les avant-gardes de la *Guards Armoured Division* atteignent la Somme à leur tour et prennent intacts trois ponts aux noms de code de « Faith », « Hope » et « Charity ». Les Allemands tentent bien de les reprendre pour les détruire mais l'arrivée de chars et de fantassins en nombre met bientôt un terme à leurs efforts.

Dans l'après-midi, Montgomery rencontre Dempsey et Crerar et leur donne de nouvelles instructions. Contrairement à ce qui avait été envisagé, les blindés de la *2nd British Army* ne vont pas s'engager vers l'ouest pour balayer les positions allemandes le long de la Somme jusqu'à Pont-Rémy et Abbeville mais ils vont poursuivre sans tarder vers Arras et Saint-Pol. Le *II Canadian Corps* va s'occuper d'Abbeville et de la Somme.

Vers 18 h 00, la *151th Brigade* de la *50th (Northumbrian) Division* arrive à Amiens et prend la ville en charge. La *11th Armoured Division* se prépare à reprendre la poursuite...

## Le *XII Corps*, 31 août

Sur la gauche du *XXX Corps*, le *XII Corps* a avancé le 30 août ses premiers éléments dans la tête de pont confortée aux Andelys par la *53rd (Welsh) Division*. Le corps attaque au matin du 31 août sur un front de deux brigades : la *22nd Armoured Brigade* (de la *7th Armoured Division*) sur la gauche, la *4th Armoured Brigade* (attachée à la *7th Armoured Division*) sur la droite ; unité de reconnaissance en pointe sur la gauche, le *11th Hussars*, sur la droite le *1st Royal Dragoons* ; axe d'avance : Gournay - Poix - Hangest. Avançant aussi près que possible des pointes, la *131st Infantry Brigade* (de la *7th Armoured Division*) va se tenir prête à forcer le passage sur la Somme. La *53rd (Welsh) Division* et la *15th (Scottish) Division* vont suivre, dans cet ordre...

Tandis que le gros de la *7th Armoured Division* traverse la Seine avec difficulté et retard (deux ponts seulement sont en service, dont un seul Bailey de classe 40 pour les chars et véhicules lourds), les unités déjà dans la tête de pont (le *1st Royal Dragoons* et la *4th Armoured Brigade*) et le *11th Hussars* qui a passé le fleuve dès 3 h 00 du matin avancent, également avec quelques difficultés. En effet, le terrain n'est pas très favorable, et les nombreux bois et vergers permettent aux éléments retardateurs allemands de se camoufler pour attaquer une fois les avant-gardes passées, comme à Bazancourt où l'état-major de la *4th Armoured Brigade* est un temps isolé. Il faut l'intervention de chars *(3rd/4th County of London Yeomanry)* et de l'infanterie de la brigade *(2nd Battalion The King's Royal Rifle Corps)* pour le dégager. L'avance se poursuit et quand une poche de résistance s'avère trop solide, comme à Poix où un char *Tiger* et un canon de 88 mm semblent bien décidés à tenir jusqu'au bout, la *4th Armoured Brigade* continue malgré tout sa progression.

A Gaillefontaine et Formerie, la *22nd Armoured Brigade* rencontre de solides positions antichars et la progression reprend après que ces canons ont été détruits. Nouveau barrage à Abancourt et, cette fois, il faut engager le *Squadron C* (du *5th Royal Inskilling Dragoon Guards*) et la compagnie A (du *1st Battalion The Rifle Brigade*) pour en venir à bout...

La légende d'époque de ces photos indique qu'il s'agit là des hommes de la *159th Infantry Brigade appartenant à la 11th Armoured Division* qui comprend trois bataillons d'infanterie : le *1st Battalion Herefordshire Regiment,* le *3rd Battalion Monmouthshire Regiment* et le *4th Battalion King's Shropshire Light Infantry...* (IWM.)

Tandis que la foule se rassemble pour saluer le passage des troupes, un *Sherman* reste en position au bout du pont, au cas où une contre-attaque allemande surviendrait par surprise. Ces deux camions, des *Bedford* QLD semble-t-il, mettent bien en évidence l'emblème de la *11th Armoured Division*, un buffle noir avec le mufle, les cornes et les sabots rouges, sur un rectangle jaune. (IWM.)

**Au matin du 1er septembre**, tandis que les derniers éléments de la *7th Armoured Division* (à savoir les bataillons de la *131st Infantry Brigade*) franchissent enfin la Seine et se rassemblent au nord de Gournay, les avant-gardes de la *4th Armoured Brigade* franchissent la Somme entre Amiens et Abbeville...

## Surprise à Amiens

La chevauchée nocturne des blindés britanniques et leur arrivée surprise à Amiens a bousculé les Allemands et totalement ruiné leur projet d'établir une ligne de défense sur la Somme. A Saleux, juste à l'ouest de la ville, les Britanniques ont même surpris deux état-majors d'armée allemands en train d'échanger des consignes : celui de la *5. Panzer-Armee* qui s'était installé le 27 août, venant de Rouen, et celui de la *7. Armee*, arrivé la veille de Péronne pour prendre le secteur de la Somme en charge.

Le commandant de la *5. Panzer-Armee*, le *SS-Oberstgruppenführer* Josef Dietrich et son état-major ont réussi à s'échapper mais le commandant de la *7. Armee*, le *General der Panzertruppen* Heinrich Eberbach, a été pris avec plusieurs des membres de son état-major un peu après 8 h 00 ; toutefois, son chef d'état-major, l'*Oberst* Rudolf-Christoph von Gersdorff, a réussi à s'échapper. Par ailleurs, les Britanniques se saisissent dans une voiture de cartes détaillant les lignes de défense que les Allemands s'efforçaient d'établir le long de la Somme.

Dans un ouvrage publié par l'association « *Fife and Forfar Yeomanry* », ouvrage que nous avons déjà cité, R.J.B. Sellar a donné un vivant témoignage de la capture du *General der Panzertruppen* Eberbach (dénommé Hans, par erreur, dans ce témoignage).

« *Des bruits de moteurs signalent sans ambiguïté l'arrivée des colonnes britanniques et Dietrich se précipite vers sa voiture et démarre sur-le-champ. Eberbach est moins chanceux, il a d'abord des ordres à donner et des documents à rassembler et à détruire. Alors qu'Eberbach et son état-major s'affairent, les chars du* 2nd Fife and Forfar Yeomanry *approchent de son poste de commandement. Eberbach tente de s'enfuir dans une* Volkswagen *mais les Britanniques l'arrêtent bien vite et ils se saisissent d'une grande partie de l'état-major de la* 7. Armee. »

« *C'est le* Corporal Byrne *qui capture le général Eberbach. Quand les véhicules allemands sont entourés par les chars du* 2nd Fife and Forfar Yeomanry, *Byrne demande aux officiers allemands, Eberbach inclus, de monter sur son char de façon à ce qu'il les emmène pour les interroger. Eberbach, qui ne parle pas anglais, proteste de ce traitement qu'il juge indigne et un des membres de son état-major explique qu'il s'agit là d'un général d'importance. Byrne n'est pas disposé à se laisser manœuvrer. "Je me fiche de savoir qui il est, dis-lui de monter sur le char !" Eberbach se résout à grimper et il est emmené pour interrogatoire. Des documents importants sont trouvés dans les voitures et si Eberbach a pu se débarrasser de tout autre do-*

Le général Horrocks, à gauche sur cette photo, est venu voir comment ses hommes traversaient la Somme. On raconte que le général Eberbach et ses officiers avaient été amenés là où il fallait pour que le général Horrocks puisse les interroger lui-même et goûter ainsi tout le plaisir de la victoire. Quand Horrocks est arrivé, il n'aurait consenti qu'un rapide coup d'œil à Eberbach et sa suite et aurait demandé qu'on évacue rapidement « tous ces Allemands ». (IWM.)

# 21st Army Group
## Ordre de bataille début septembre 1944

**21st Army Group**
Field-Marshall Bernard L. Montgomery

**2nd British Army**
Lieutenant-General Miles C. Dempsey

**1st Canadian Army**
Lieutenant-General H.D.G. Crerar

### XXX Corps
Lieutenant-General B.G. Horrocks
**11th Armoured Division**
Major-General G.P.B. Roberts
**Guards Armoured Division**
Major-General A.H.S. Adair
**43rd (Wessex) Division**
Major-General G.I. Thomas
**50th (Northumbrian) Division**
Major-General D.A.H. Graham

### XII Corps
Lieutenant-General N.M. Ritchie
**7th Armoured Division**
Major-General G.L. Verney
**15th (Scottish) Division**
Major-General C.M. Barber
**53rd (Welsh) Division**
Major-General R.K. Ross

### VIII Corps
Lieutenant-General Richard N. O'Connor
**3rd Infantry Division**
Major-General L.G. Whistler

### I British Corps
Lieutenant-General J.T. Crocker
**49th (West Riding) Division**
Major-General E.H. Barker
**51st (Highland) Division**
Major-General T.G. Rennie

### II Canadian Corps
Lieutenant-General G.G. Simonds
**2nd Canadian Division**
Major-General C. Foulkes
**3rd Canadian Division**
Major-General D.C. Spry
**4th Canadian Armoured Division**
Major-General H.W. Foster
**1st Polish Armoured Division**
Major-General S. Maczek

**79th Armoured Division**
Major-General Percy C.S. Hobart

Au début septembre, le *VIII Corps* du *Lieutenant-General* Richard N. O'Connor est, pour un temps, laissé sans emploi dans le secteur de Flers. En effet, du fait des difficultés logistiques, la *2nd British Army* ne peut engager que deux corps d'armée dans la poursuite vers le nord. Le *VIII Corps* prend alors en charge la *3rd Infantry Division*, *Major-General* L.G. Whistler, qui a elle-même été mise au repos dans le secteur de Tinchebray à la mi-août. La *3rd Infantry Division* va passer la Seine au début septembre mais elle reste au repos dans le secteur de Villers-en-Vexin jusqu'à la mi-septembre. Le 2 septembre, la *43rd (Wessex) Division* est également affectée au *VIII Corps*.

Manquent à cet organigramme deux divisions qui ont pris une part notable aux combats de Normandie mais qui sont absentes aux premiers jours de septembre, *la 6th Airborne Division* et la *59th (Staffordshire) Division*. La *6th Airborne Division*, *Major-General* R.N. Gale, a terminé sa campagne de Normandie avec la prise de Pont-Audemer le 26 août. Elle est alors mise au repos et ordre est donné de la ramener en Angleterre pour les premiers jours de septembre : on l'a vu, dans le cadre de l'offensive vers la Ruhr, la directive M-520 envisage d'engager les parachutistes de la *1st Allied Airborne Army* en avant de l'attaque terrestre. L'opération « Lynnet I » sera finalement annulée et quelques jours plus tard *la 6th Airborne Division* ne prendra pas part à l'opération « Market-Garden » où sera engagée la *1st Airborne Division* le 17 septembre.

Quant à la *59th (Staffordshire) Division*, elle a tout simplement été dissoute à la fin août. En effet, jour après jour, les combats en Normandie ont usé les divisions et la pénurie de fantassins entraînés s'est faite sentir de plus en plus gravement. Pour dégager les moyens destinés à renforcer ces unités usées, il a ainsi été décidé de dissoudre la division la plus récemment formée, la *59th (Staffordshire) Division* du *Major-General* L.O. Lyne. Les trois brigades (la *176th Brigade*, la *177th Brigade* et la *197th Brigade*) sont dissoutes le 26 août, le *59th Reconnaissance Regiment R.A.C.* et les trois régiments d'artillerie (le *61st Regiment R.A.*, le *110th Regiment R.A.* et le *116th Field Regiment R.A.*) le 31 août... Les moyens ainsi libérés sont répartis dans les autres divisions.

Les différentes brigades dépendant du *21st Army Group*, elles sont nombreuses, ne figurent pas dans cet organigramme. On peut citer la *4th Armoured Brigade* qui attaque à l'est de la Seine avec le *XII Corps*, la *8th Armoured Brigade* qui en fait de même avec le *XXX Corps*, les *33rd* et *34th Tank Brigades* engagées avec le *I British Corps* dans les combats pour la prise du Havre... Deux brigades méritent toutefois une mention particulière, la *1st Belgian Infantry Brigade* (Colonel B.E.M. Piron) et la *Royal Netherlands Brigade* (Lieutenant-Colonel A.C. De Ruyter van Steveninck). Nous utilisons ici l'appellation britannique du *21st Army Group* mais la première brigade est une unité belge, la seconde une unité néerlandaise. Dans les premiers jours de septembre, toutes deux vont être transférées de la *1st Canadian Army*, avec laquelle elles ont été engagées depuis leur arrivée sur le continent, à la *2nd British Army* qui vient d'entrer en Belgique et qui va bientôt faire de même aux Pays-Bas.

**Sic transit gloria**

Le même homme, la même photo. D'abord un général au faîte de sa gloire (comme on peut le voir sur cette photo, il est titulaire de la Croix de chevalier, avec les Feuilles de chêne), puis un prisonnier de guerre... Né en 1895, Heinrich Eberbach est lieutenant en 1915 et participe à la Première Guerre mondiale. Policier dans les années vingt, il rejoint l'armée en 1935. Il est *Oberstleutant* en 1937 puis *Oberst* en 1940. Il commande le *Pz.Rgt. 35* pendant la campagne de France. *Generalmajor* en février 1942 (il commande alors la *4. Panzer-Division*), *Generalleutnant* en janvier 1943 (il commande alors le *XXXXVIII. Panzer-Korps*), *General der Panzertruppen* en août 1943, il prend le commandement du *Panzergruppe West* (quand le *General der Panzertruppen* Leo Geyr von Schweppenburg est remercié). Le 6 août, *le Panzergruppe West* devient *5. Panzer-Armee* et le *SS-Oberstgruppenführer* Josef Dietrich en prend le commandement trois jours plus tard. Pour mener l'attaque vers Mortain, Eberbach est alors nommé au commandement d'un *Panzergruppe Eberbach* qui regroupe les *2.* et *116. Panzer-Divisionen* ainsi que des éléments de *la 9. Panzer-Division* et de la *1. SS-Panzer-Division*... Après la blessure du commandant de la *7. Armee*, le *SS-Oberstgruppenführer* Paul Hausser, Eberbach est nommé le 22 août pour le remplacer. Le 31 août, il est fait prisonnier à Amiens. (BA.)

cument, on trouve dans ses poches la photo d'une jeune femme fort déshabillée. Quand on lui montre cette photo, Eberbach prétend qu'il s'agit de sa femme et il est choqué de constater que cette réponse est l'objet de commentaires ironiques et incrédules. »

Il semble qu'impressionnés par l'ampleur et la qualité de leur capture, des officiers de l'état-major du *XXX Corps* aient rassemblé cette brochette d'officiers supérieurs au bord de la route pour que le *Lieutenant-General* Horrocks puisse les interroger lui-même et profiter ainsi de sa victoire. Quand Horrocks arrive, préoccupé par la suite de la manœuvre, il ne s'intéresse aucunement à Eberbach et sa suite et, agacé, il demande sèchement pourquoi on n'a pas encore évacué tous ces Allemands. Et le *General der Panzertruppen* Eberbach est évacué comme un simple sergent.

Au soir du **31 août**, Dietrich installe son Q.G. près de Douai et recommence à travailler, mais le Q.G. de la *7. Armee* a tout simplement disparu et, le 1er septembre, Dietrich prend sous ses ordres les restes des unités de la défunte *7. Armee*. Le **3 septembre**, le *General der Panzertruppen* Erich Brandenberger est nommé commandant d'une nouvelle *7. Armee* et chargé de reconstituer dans les meilleurs délais un état-major.

# Rethel, Verdun, Dieppe... mais la logistique ne suit pas !

## 4

## La *1st US Army* sur l'Aisne

Les instructions de la directive M-520 donnant, on l'a vu, à la *1st US Army* la mission de soutenir l'avance du *21st Army Group*, Bradley ordonne à Hodges d'attaquer en direction du nord-est. Quand l'armée sera déployée entre Mons et Maubeuge, Hodges devra alors se tourner vers l'est et pousser via Liège et Namur pour atteindre le Rhin entre Cologne et Coblence.

Le secteur est favorable à une progression rapide, tout particulièrement sur l'aile gauche où la *1st US Army* doit faire porter son effort principal. Sur la droite, la Marne (entre Meaux et Château-Thierry), l'Aisne (à l'est de Soissons) et la Meuse (entre Givet et Sedan) sont toutefois autant de barrières qui pourraient s'avérer difficiles à franchir. D'autre part, l'avance ne sera pas si facile car la pénurie de car-

Ci-dessus : En pointe du *VII Corps*, les chars de la *3rd Armored Division* bousculent les éléments d'arrière-garde déployés par le *LVIII. Panzer-Korps* et, le 28 août, les blindés US atteignent Soissons. En chemin, ils ont surpris ce camion allemand. (via J. Hallade.)

Ci-contre et ci-dessous : Un *Stuart* et un *Sherman,* appartenant peut-être au *33rd Armored Regiment,* atteignent la place de la République. Un peu plus loin, un tank destroyer M-10 du *703rd Tank Destroyer Battalion* attaché à la *3rd Armored Division.* (via J. Hallade.)

burant guette et, comme l'a noté Bradley le 27 août, il va falloir avancer « *aussi longtemps que possible puis il faudra attendre que la logistique permette de repartir à nouveau* ».

Le **26 août**, quand la directive M-520 donne leurs missions aux armées alliées, la *1st US Army* est déployée sur la Seine, de Mantes jusqu'à Melun. Le *Lieutenant-General* Hodges dispose de trois corps d'armée, mais deux seulement sont immédiatement disponibles pour attaquer vers l'est. En effet, le *V Corps* du *Major-General* Leonard T. Gerow est encore occupé à libérer Paris. Ainsi, Hodges va-t-il lancer une attaque en tenaille au nord et au sud de Paris avec deux corps d'armée, le *XIX Corps* du *Major-General* Charles H. Corlett sur la gauche (tête de pont de Mantes) et le *VII Corps* du *Major-General* J. Lawton Collins sur la droite (tête de pont de Melun). Collins va attaquer

Ci-contre : Un char alle-mand (un Pz.Kpfw. IV semble-t-il) a été détruit route de Paris. (via J. Hallade.)

Ci-dessous : Bientôt, le génie a jeté une passe-relle sur les ruines du pont Gambetta et un *Stuart* du *33rd Armored Regiment* reprend la poursuite. Dans deux jours, il sera à Laon, puis à Montcornet et Rethel. (via J. Hallade.)

dès le 26 août avec la *3rd Armored Division*, la *9th Infantry Division* et la *1st Infantry Division*, mais le *XIX Corps* ne peut démarrer avant deux jours encore. En effet, Corlett doit tout d'abord prendre en charge la tête de pont de Mantes alors que le *XV Corps* quitte ce secteur pour rejoindre la *3rd US Army*. Ces deux jours sont mis à profit pour pousser la *30th Infantry Division* (en place le 27 août) et la *2nd Armored Division* (le 28 août) dans la tête de pont établie par la *79th Infantry Division*.

En pointe du *VII Corps*, les chars de la *3rd Armored Division* attaquent le 26 août de la tête de pont de Melun et bousculent sans réelles difficultés les faibles éléments laissés en couverture par le *LVIII. Panzer-Korps*. Sans le savoir, à Fontenay-Trésigny (25 kilomètres au nord-est de Melun), les chars de tête passent à un kilomètre du Q.G. de la *1. Armee* qui plie alors bagage sans tarder. Le **28 août**, les avant-gardes de la *3rd Armored Division* atteignent Château-Thierry et **Soissons**, puis **Laon** deux jours plus tard. Le **31 août**, ils sont à Montcornet et **Rethel**. Pour avoir conduit l'avance d'une colonne de la *3rd Armored Division* pendant trois jours, et détruit quatre chars, trois canons antichars et près de cinquante véhicules en chemin, le *Sergeant* Lafayette G. Pool du *32nd Armored Regiment*, est décoré de la *Distinguished Service Cross*.

Ayant pris en charge la tête de pont de Mantes, le *XIX Corps* de Corlett avance à son tour à partir du 29 août. Les faibles éléments retardateurs établis par le *LXXX. Armee-Korps* sont bousculés et pour avoir détruit, seul, une position antichar, le *Lieutenant* James L. Mosby du *120th Infantry Regiment*, *30th Infantry Division*, est décoré le 29 août de la *Distinguished Service Cross*. La *2nd Armored Division* qui marche en tête ne rencontre pas d'opposition sérieuse et, deux jours plus tard, les éléments de pointe sont entre Compiègne et Beauvais.

Après avoir paradé à Paris, le *V Corps* rejoint enfin le front le 29 août et s'engage avec les *4th et 28th Infantry Divisions*. A Pont-Sainte-Maxence, le *110th Infantry Regiment (28th Infantry Division)* établit, sans difficulté, une tête de pont au nord de l'Oise et le *103rd Engineer Combat Battalion* construit sans tarder un pont flottant. Le **31 août**, la *5th Armored Division* passe les divisions d'infanterie et prend la tête. Avançant en cinq colonnes avec ses trois *Combat Commands* sur une même ligne, la *5th Armored Division* atteint la forêt de Compiègne mais, alors que des éléments d'arrière-garde allemands se manifestent, des communications confuses amènent la division blindée à laisser la tête à l'infanterie de la *4th Infantry Division*. Tandis que les fantassins passent la forêt au peigne fin et entrent dans **Compiègne** aux premières heures du **1er septembre**, le *Combat Command B* de la *5th Armored Division* franchit l'Aisne entre la ville et Soissons.

———————

La *2nd Armored Division* qui marche en tête du *XIX Corps* ne rencontre pas plus de difficultés que la *3rd Armored Division*, les quelques unités du *LXXX. Armee-Korps* rencontrées en chemin sont balayées, et deux jours plus tard, les éléments de pointe sont entre Compiègne et Beauvais. Cette photo a été prise à Noyon, sur la D932 allant vers Ham, après les combats dont nous parlons aujourd'hui. Elle montre une unité de Noirs américains progressant sur deux colonnes le long de la chaussée. Relativement peu photographiées, les unités de couleur de l'*US Army* ont le plus souvent été cantonnées à des missions de soutien, tels l'entretien des voies de communications et le ravitaillement. (US Army.)

## La *3rd US Army* sur la Meuse

Conformément aux instructions de la directive M-520, le *12th Army Group* doit s'engager sur sa gauche, « *sa principale mission offensive étant, pour le moment, d'appuyer le* 21st Army Group ». Néanmoins, la même directive n'interdit pas d'envisager dans le même temps une avance vers l'est. En conséquence, dans sa note d'instructions n° 6, Bradley donne à la *3rd US Army* l'ordre d'avancer jusqu'à une ligne Châlons - Reims. Patton devra alors « *se préparer à poursuivre son avance rapidement de façon à se saisir de sites de franchissement du Rhin entre Mannheim et Coblence* ».

Le secteur d'opération n'est pas particulièrement favorable à une progression rapide, car la Marne, l'Aisne, la Meuse et la Moselle forment autant d'obstacles qui pourraient bien s'avérer difficiles à franchir. Toutefois, personne ne s'attend à ce que les Allemands soient en mesure de construire des lignes de défense dignes de ce nom en s'appuyant, comme il est facile de le faire, sur ces voies d'eau. Ce n'est pas faux car, comme on l'a vu, Model a décidé dès le 29 août d'un repli général sur une ligne de défense établie plus à l'est, sur la Meuse en Belgique, puis sur le *Westwall* en Sarre et sur la Moselle.

Les Allemands ne vont pas ralentir la progression de la *3rd US Army*, mais les difficultés d'approvisionnement vont le faire. En effet, il est alors clair que les services logistiques ne peuvent approvisionner les armées alliées au niveau requis et Bradley engage largement ses moyens logistiques en soutien de la *1st US Army*, cela au détriment de la *3rd US Army* : la priorité est sans ambiguïté au nord. Ainsi, entre le 27 août et le 2 septembre, la *3rd US Army* ne recevra plus qu'une moyenne quotidienne de 750 000 litres d'essence, cela alors qu'elle en a consommé plus du double chaque jour des dernières semaines. Dans ce contexte de grave pénurie, Patton a de la chance

car à Sens, les avant-gardes du *XII Corps* se saisissent de 37 wagons de carburant allemands, ce qui conforte la capacité de la *3rd US Army* à s'engager vers l'est.

Le **26 août**, la *3rd US Army* est déployée sur la Seine et sur l'Yonne de Melun à Montereau et Sens, avec une tête de pont plus à l'est en aval de Troyes. Face au sud, sur un front « en pointillé », d'autres éléments sont sur la Loire, à Blois, Orléans et Gien, ainsi qu'à Joigny et Saint-Florentin... Initialement, Patton avait le projet de confier à chacun de ses trois corps d'armée un de ses trois objectifs immédiats, Reims, Châlons-sur-Marne et Vitry-le-François. Il apparaît bien vite que le *XV Corps* ne pourra rejoindre avant quelques jours encore (il est toujours dans la tête de pont de Mantes) et, le 26 août, Patton décide d'attaquer avec les deux corps dont il dispose alors, le *XX Corps* et le *XII Corps*, chacun avec une division blindée et deux divisions d'infanterie. Le *XX Corps* (avec la *7th Armored Division*, la *5th Infantry Division* et la *90th Infantry Division*) va progresser de Vulaines et Montereau vers Reims, le *XII Corps* (avec la *4th Armored Division*, la *35th Infantry Division* et la *80th Infantry Division*) de Troyes vers Châlons-sur-Marne.

Le **28 août**, au moment où démarre l'attaque de la *3rd US Army*, Bradley rend visite à Patton et, ayant exposé la gravité des difficultés logistiques, il lui propose de s'arrêter sur la Marne le temps que l'avance vers le nord de la *1st US Army* soit bien engagée. Patton n'est pas d'accord et il réussit, après un vivant plaidoyer, à convaincre Bradley de le laisser avancer au moins jusqu'à la Meuse.

Sur l'aile gauche, le *XX Corps* attaque le 28 août, avec deux *Combat Commands* de la *7th Armored Division* en tête, la *90th Infantry Division* sur la gauche et la *5th Infantry Division* sur la droite. Les avant-gardes foncent vers l'est, bousculant quelques points de résistance tenus par des éléments de la *17. SS-Panzergrenadier-Division* (ainsi

Talonnées par les unités alliées, les troupes allemandes poursuivent leur repli vers les frontières du Reich. A Chauny, le 1er septembre, un *Jabo* vient de faire mouche : plusieurs voitures d'un convoi allemand ont été détruites en pleine ville et les maisons alentours n'ont pas souffert ! Sortant des maisons dans lesquelles ils se sont réfugiés à la première alerte, les hommes constatent que tous leurs véhicules sont en flammes. Il va falloir continuer à pied ! (via J. Hallade.)

La retraite se poursuit. Vervins, 31 août, place Sadi Carnot : un habitant a discrètement pris ce cliché d'un *Panther* qui traverse la ville avec un autre *Panther* en remorque. (Via J. Hallade.)

que des *48.* et *338. Infanterie-Divisionen*), et arrivent bientôt au contact des défenses établies le long de la Marne par le *LXXX. Armee-Korps*. Pendant la nuit, le génie établit deux ponts flottants sur la rivière, l'un près de Château-Thierry, l'autre près d'Epernay et **au matin du 29**, les chars reprennent leur avance, le CCA et le CCR sur la gauche, et le CCB sur la droite. Via Fismes, les deux premiers *Combat Commands* atteignent bientôt l'Aisne et se tournent vers l'est, contrôlant ainsi le secteur au nord de Reims, tandis que le CCB avance à l'est de la ville. Le **30 août**, tandis que les *Combat Commands* poursuivent leur avance vers l'est, la *5th Infantry Division* entre sans combattre dans Reims. L'avance se poursuit le **31 août**, ralentie par le terrain difficile de la forêt d'Argonne, le manque de carburant et une résistance ennemie qui se renforce.

Sur l'aile droite, le *XII Corps* est également parti à l'attaque le 28 août avec la *4th Armored Division* et la *80th Infantry Division*, la *35th Infantry Division* couvrant le flanc droit d'Orléans à Troyes. Le CCA de la *4th Armored Division* avance de 80 kilomètres dans la journée, de Troyes à Vitry-le-François, et franchit la Marne. Les blindés avancent vers le nord tandis que la *80th Infantry Division* attaque depuis Troyes et le **29 août à midi**, cette attaque en tenaille prend **Châlons**. Les réservoirs des chars sont bientôt vides, mais des dépôts d'essence allemands ont été saisis, particulièrement à Châlons (près de 400 000 litres), et les avant-gardes continuent vers l'est, vers la Meuse. Le *XII Corps* ayant signalé qu'il avait arrêté ses avant-gardes avant qu'elles ne tombent vraiment en panne sèche, Patton a immédiatement répondu

qu'il fallait poursuivre l'avance jusqu'à ce que les réservoirs soient vides et puis *« continuer à pied ! »*

Le **31 août**, le *Combat Command A* de la *4th Armored Division (XII Corps)* atteint la Meuse à **Commercy** et **Pont-sur-Meuse** et la traverse dans la foulée avant que les Allemands qui contrôlent les ponts n'aient le temps de les détruire. Plus au nord, le CCA de la *7th Armored Division (XX Corps)* saisit un pont intact à **Verdun**. En quelques heures, ces têtes de pont sont consolidées, d'autres points de passage sur la Meuse sont pris et de nouveaux ponts sont en construction.

En dépit de ces succès, l'élan de la *3rd US Army* est brisé car le manque de carburant est critique. Le 30 août, Patton s'est rendu au Q.G. de Bradley pour lui exposer ses problèmes et Bradley lui dit sans ambages que rien ne pourra être livré à la *3rd US Army* avant le 3 septembre, au mieux. Les choix stratégiques du SHAEF sont très mal vécus à la *3rd US Army*, d'autant plus que tout le monde est convaincu, comme le notera le *Major-General* Manton S. Eddy, le commandant du *XII Corps* que *« si on avait le carburant nécessaire, la guerre pourrait être terminée en quelques semaines »*. Comme Patton et beaucoup d'autres, Eddy croit que la *Wehrmacht* est réduite à une poignée de divisions exsangues et démoralisées, ce en quoi ils se trompent comme vont le prouver les durs combats des prochains mois.

La situation se dégrade encore et, le 2 septembre, la *3rd US Army* ne reçoit que 96 000 litres d'essence. La situation s'améliorera alors progressivement, 900 000 litres arrivant le 4 septembre, puis 5,2 millions de litres au cours des trois jours suivants.

## La progression de la *3rd US Army*

**1.** Dans le secteur du *XX Corps*, à Vulaines-sur-Seine, là où le *11th Infantry Regiment* de la *5th Infantry Division* a établi une tête de pont, le génie US a rapidement assemblé un pont flottant. Cette photo a été prise le 24 août, et les chars de la *7th Armored Division* passent la Seine... L'attaque du *XX Corps* va démarrer le 28 août et en trois jours, les avant-gardes de la *7th Armored Division* vont atteindre Verdun.

**2.** Plus au sud, sur l'aile gauche de la *3rd US Army*, le *XII Corps* attaque de Troyes le 28 août, avec la *4th Armored Division* et la *80th Infantry Division* ; la *35th Infantry Division* couvre le flanc droit jusqu'à Orléans. A Troyes, boulevard Gambetta, des blessés sont soignés.

**3.** Toujours, à Troyes, un photographe américain a immortalisé cette scène symbolique de deux jeunes femmes détruisant la pancarte signalant un hôtel réservé aux soldats de la *Wehrmacht*.

**4.** Le CCA de la *4th Armored Division* avance de 80 kilomètres dans la journée et franchit la Marne. Cette photo a été prise à Rachecourt-sur-Marne, à quelques kilomètres au sud de Saint-Dizier.

**5.** Le 29 août à midi, une attaque en tenaille entre les blindés de la *4th Armored Division* qui ont poussé vers le nord, et les GI's de la *80th Infantry Division* qui ont avancé depuis Troyes, prend Châlons-sur-Marne. Des dépôts d'essence allemands sont saisis, près de 400 000 litres, un trésor dans le contexte de pénurie qui frappe la *3rd US Army*. Le *1303rd Engineer Battalion* va bientôt établir un pont Bailey sur le site du pont détruit. (US Army.)

# 12th Army Group
## Ordre de bataille début septembre 1944

**12th Army Group**
General Omar N. Bradley

**1st US Army**
Lieutenant-General Courtney H. Hodges

**3rd US Army**
Lieutenant-General George S. Patton

**XIX Corps**
Major-General Charles H. Corlett
**30th Infantry Division**
Major-General Leland S. Hobbs
**79th Infantry Division**
Major-General Ira T. Wyche
**2nd Armored Division**
Major-General Edward H. Brooks

**XX Corps**
Major-General Walton H. Walker
**5th Infantry Division**
Major-General Strafford L. Irwin
**90th Infantry Division**
Major-General Raymond S. McLain
**7th Armored Division**
Major-General Lindsay McD. Silvester

**V Corps**
Major-General Leonard T. Gerow
**4th Infantry Division**
Major-General Raymond O. Barton
**28th Infantry Division**
Major-General Norman D. Cota
**5th Armored Division**
Major-General Lunsford E. Oliver

**XII Corps**
Major-General Manton S. Eddy
**35th Infantry Division**
Major-General Paul W. Baade
**80th Infantry Division**
Major-General Horace L. McBride
**4th Armored Division**
Major-General John S. Wood

**VII Corps**
Major-General J. Lawton Collins
**1st Infantry Division**
Major-General Clarence R. Huebner
**9th Infantry Division**
Major-General Louis A. Craig
**3rd Armored Division**
Major-General Maurice Rose

**XV Corps**
Major-General Wade H. Haislip

**9th US Army**
Lieutenant-General William H. Simpson

**VIII Corps**
Major-General Troy H. Middleton
**2nd Infantry Division**
Major-General Walter M. Robertson
**8th Infantry Division**
Major-General Donald A. Stroh
**29th Infantry Division**
Major-General Charles H. Gerhardt
**83rd Infantry Division**
Major-General Robert C. Macon

**III Corps**
Major-General John Milliken
**94th Infantry Division**
Major-General Harry J. Malony
**104th Infantry Division**
Major-General Terri de la Mesa Allen

**6th Armored Division**
Major-General Robert A. Grow

Il s'agit là de l'organigramme du *12th Army Group* et n'y figurent donc pas les unités qui ont débarqué en Provence. Ces unités, sept divisions françaises, dont deux blindées, et trois divisions américaines, dépendent du *6th Army Group* du général Jacob L. Devers.

Manquent également à cet ordre de bataille les deux divisions aéroportées, les *82nd* et *101th Airborne Divisions*, qui ont été ramenées en Angleterre en juin et juillet pour rejoindre la *1st Allied Airborne Army*. Le 26 août, dans le cadre de l'offensive vers la Ruhr, la directive M-520 envisage d'engager les parachutistes de la *1st Allied Airborne Army* en avant de l'attaque terrestre. Cette opération sera annulée mais les *82nd* et *101th Airborne Divisions* vont jouer un rôle majeur dans l'opération « Market-Garden »...

Au début septembre, le *XV Corps* du *Major-General* Wade H. Haislip ne dispose encore d'aucune division. Il a en effet rejoint la *3rd US Army* à la fin août après avoir cédé « sa » tête de pont de Mantes au *XIX Corps*. Le 7 septembre, le *XV Corps* va prendre en charge une première division, la *79th Infantry Division*, enlevée au *XIX Corps*. Le 8 septembre, la 2e Division Blindée rejoint à son tour le *XV Corps*, venant de Paris où elle était restée à la fin août, à la demande du général de Gaulle, quand le *V Corps* avait rejoint le front.

La *9th US Army* est opérationnelle à dater du 5 septembre. Cinq jours plus tard, elle a pris en charge le *VIII Corps* et avec lui le front de Brest, permettant ainsi à la *3rd US Army* de se concentrer sur la seule opération qui compte aux yeux du général Patton, la percée vers le Rhin. La *9th US Army* va rapidement retirer du front la *6th Armored Division* et la transférer à la *3rd US Army* (cela sera effectif le 16 septembre). Elle est par ailleurs chargée d'intégrer les nouvelles divisions de l'*US Army* qui rejoignent le front : dans la deuxième quinzaine de septembre, les *26th, 44th, 95th* et *102nd Infantry Divisions*, ainsi que les *9th* et *10th Armored Divisions* vont ainsi rejoindre le *III Corps*.

## La logistique ne suit pas

En établissant les plans pour l'opération « Overlord », les stratèges du SHAEF ont bien compris que l'approvisionnement des armées sur le continent ne serait pas chose facile. Pour s'y préparer, ils ont programmé l'avance des armées et demandé à la logistique de travailler sur ces bases : la Seine va être atteinte à J + 90 (le 4 septembre), la frontière belge va l'être à J + 200 (le 23 décembre), la frontière allemande près d'Aix-la-Chapelle à J + 330 (le 2 mai 1945) et la capitulation de l'Allemagne va intervenir à J + 360 (le 1er juin 1945). Ce plan intègre l'idée que les Allemands vont se retirer progressivement sur la Seine et qu'ils vont la tenir pour quelque temps, ce qui va permettre aux armées alliées de se réorganiser avant de reprendre une avance posée vers les frontières de l'Allemagne.

En fait, on l'a vu, le général Eisenhower, le commandant en chef allié, a pris la décision le 19 août de franchir la Seine dans la foulée pour engager la poursuite de l'ennemi en déroute. Il n'y a donc pas eu de pause sur la Seine et les services logistiques n'ont pu tirer parti d'aucun répit pour construire une organisation logistique digne de ce nom. Au début septembre, quand selon le planning il est J + 90, les services logistiques doivent approvisionner des armées qui approchent des lignes prévues pour être atteintes à J + 300.

En fait, ce n'est pas le manque d'approvisionnement qui va poser problème, mais l'incapacité à l'amener aux unités de première ligne. Comme le seul port d'importance alors aux mains des Alliés est Cherbourg, à la fin août, près de 95 % des approvisionnements amenés en France le sont en Normandie, dans le secteur du débarquement initial. Néanmoins, des approvisionnements suffisants ont été débarqués. Comment amener tout cela aux unités de pointe, à plusieurs centaines de kilomètres à l'est ?

Préparant les opérations, les stratèges du SHAEF ont considéré qu'il serait nécessaire d'utiliser au mieux les capacités de l'excellent réseau ferré français mais il apparaît bien vite que cela ne serait pas possible avant quelques semaines. En effet, alors que les armées avancent très rapidement, les destructions causées aux réseaux ferroviaires par les avions alliés et les sabotages de la Résistance s'avèrent être considérables et la remise en état va prendre du temps. Le 30 août, deux lignes sont ouvertes jusqu'à Paris mais la destruction des ponts sur la Seine et la pagaille qui règne encore sur le réseau ferroviaire autour de Paris ne permettent pas d'aller plus loin. Il faut donc transférer les chargements sur des camions. Ce n'est pas avant la mi-septembre qu'une ligne pourra être ouverte jusqu'à Soissons...

Pour faire face à ces difficultés, l'improvisation est de mise et, dès le 23 août, les Américains ont établi un circuit de transport à sens unique entre le secteur de Saint-Lô et Chartres. Appelé *Red Ball Express*, ce réseau utilise des routes sur lesquelles tout autre trafic est interdit, les camions roulent jour et nuit, sans arrêt, avec les phares allumés, en oubliant toutes les procédures réglementaires de circulation en convoi. Plus d'une centaine de compagnies de transport sont bientôt engagées dans le *Red Ball Express* et le réseau bat tous ses records le 29 août quand près de 6 000 camions de 132 compagnies de transport amènent plus de 12 000 tonnes aux dépôts avancés à l'ouest de Paris. A la mi-septembree, le *Red Ball Express* aura transporté 135 000 tonnes d'approvisionnements... Les résultats sont impressionnants mais le bilan est mitigé : les camions surchargés ont roulé trop longtemps sans entretien et les pannes sont fréquentes, les conducteurs sont épuisés et les accidents sont très nombreux. De plus, les camions de l'*Express* ont eux-mêmes consommé plus d'un million de litres de carburant chaque jour... Par ailleurs, la pagaille est générale, les registres ne sont pas tenus et les bandits du marché noir (soldats américains et complices français) ont bien profité de ces conditions idéales.

Les unités aériennes sont également mises à contribution et, dès le 19 août, cinquante tonnes d'approvisionnement sont transportées par air à la *3rd US Army*. Le 25, plus de 200 appareils se posent à Orléans et amènent 500 tonnes d'approvisionnement, principalement des rations. L'effort s'amplifie encore et, les 26 et 27 août, plus d'un millier d'avions américains amène du carburant et des rations. Le flux va se tarir à la fin du mois car le projet d'une opération aéroportée, « Lynnet I », accapare alors toutes les escadrilles de transport. De plus, à la demande de Bradley, il faut consacrer chaque jour 1 500 tonnes à l'approvisionnement de la population de Paris (c'est un minimum pour éviter des troubles : les services des *Civil Affairs* lui en avaient demandé 2 400). Les missions d'approvisionnement par air de la *3rd US Army* vont reprendre après le 5 septembre, une fois le projet d'opération aéroportée abandonné, et cesser à la veille de « Market-Garden ». En un mois, du 19 août à la mi-septembre, les avions américains ont transporté 20 000 tonnes d'approvisionnement, peu de choses en somme.

Ce cliché illustre parfaitement l'état du réseau ferroviaire français à la Libération, complètement désorganisé par le bombardement systématique des gares (comme ici celle d'Alençon photographiée le 22 août) et les sabotages exécutés par la Résistance. (US Army.)

## Problèmes logistiques

Une fois la poursuite engagée, les armées alliées vont consommer encore plus d'essence et l'intendance va avoir de plus en plus de mal à assurer l'approvisionnement de tous au niveau nécessaire. Les stratèges du SHAEF avaient pensé utiliser rapidement le réseau ferré français, mais les destructions causées par les attaques aériennes et les sabotages sont considérables et la remise en état prend du temps. Un premier train roule de Cherbourg à Carentan le 11 juillet, Paris est accessible à la fin août, mais ce n'est pas avant la mi-septembre qu'une ligne pourra être ouverte jusqu'à Soissons...

**1.** Début juillet, un pipeline permettant le déchargement direct des pétroliers est mis en service à Cherbourg.

**2 et 3.** Toujours à Cherbourg, du matériel ferroviaire est déchargé tandis que les voies ferrées sont réparées par le génie américain.

**4.** Pour faire face aux difficultés logistiques, les Américains ont établi un circuit de transport à sens unique entre Saint-Lô et Chartres, le *Red Ball Highway*. Ce réseau réquisitionne des routes sur lesquelles tout autre trafic est interdit, les camions roulent jour et nuit, sans arrêt, avec les phares allumés. Ce panneau destiné à maintenir le moral des conducteurs de camions épuisés par des heures de conduite indique que l'objectif du jour est de transporter 11 000 tonnes : ce n'est pas loin des résultats du jour record, le 29 août, quand près de 6 000 camions amènent plus de 12 000 tonnes aux dépôts avancés à l'ouest de Paris.

**5.** Une remorque chargée de 45 tonnes de munitions s'est arrêtée au bord de la *Red Ball Highway* : les convoyeurs vérifient, semble-t-il, que les pneus ne s'échauffent pas. A la mi-septembre, le *Red Ball Express* aura transporté 135 000 tonnes d'approvisionnement...

**6.** Avec les munitions pour les armes et la nourriture pour les hommes, l'essence est le plus essentiel des besoins pour les armées. Un convoi de ravitaillement en carburant : il s'agit là de camions semi-remorques, la citerne contenant 7 500 litres.

(US Army.)

Sur le flanc gauche, la directive M-520 ordonne à la *1st Canadian Army* de s'emparer des ports du Havre, de Dieppe, de Boulogne et de neutraliser les sites de lancement de V1. Le commandant de la *1st Canadian Army* est le *Lieutenant-General* H.D.G. Crerar, lui-même canadien. Il y aura quelques moments de tension entre lui et Montgomery, Crerar ne pouvant accepter telle ou telle décision ou intervention de Montgomery quand à ses yeux l'honneur du Canada est en jeu. (DR.)

## La *1st Canadian Army* à Dieppe

On l'a vu, ces graves difficultés logistiques résultent du fait que 95 % des approvisionnements amenés en France le sont en Normandie, dans le secteur du débarquement initial, avec un seul port d'importance aux mains des Alliés, Cherbourg. Le front est loin et l'intendance s'avère incapable d'amener tout ce dont les unités de première ligne ont besoin. Dans ce contexte, la capture des ports de la Manche est de la plus haute importance et cette mission est confiée à la *1st Canadian Army*.

Dans sa directive M-520 datée du 26 août, Montgomery a précisé que l'armée va devoir « *prendre le port de Dieppe puis détruire sans tarder les forces ennemies le long de la côte, jusqu'à Bruges. Un corps d'armée va se tourner vers l'ouest dans la péninsule du Havre pour y détruire les forces ennemies et s'assurer du port. Il ne faudra pas engager dans ces opérations plus de forces que nécessaire. L'objectif principal est au nord, et dans le Pas-de-Calais* ».

Le **30 août**, le *Lieutenant-General* Crerar donne ses ordres à ses commandants de corps : tandis que le *I British Corps* va se tourner vers Le Havre et Saint-Valéry-en-Caux, le *II Canadian Corps* va prendre Dieppe, « en n'engageant que les forces nécessaires » tandis que le gros du corps va dans le même temps avancer sur un axe Neufchâtel - Abbeville. Objectif : la Somme.

Le **31 août**, tandis que dans le secteur du *I British Corps* la *49th (West Riding) Division* atteint **Lillebonne** sans rencontrer d'opposition et poursuit vers le Havre, sur l'aile gauche du *II Canadian Corps*, la *2nd Canadian Division* progresse vers Dieppe. Au soir, les avant-gardes (le *14th Canadian Hussars*) sont à **Tôtes**. Au centre, la *3rd Canadian Division* avance vers Le Tréport et les pointes du *17th Duke of York's Royal Canadian Hussars* sont bientôt à **Saint-Saëns** ; sur la droite, la *4th Canadian Armoured Division* atteint **Buchy**.

Dans l'après-midi, Montgomery rencontre ses deux commandants d'armée, Dempsey et Crerar, et à la lumière des derniers développements, il leur donne de nouvelles instructions. Le projet d'envoyer la *11th Armoured Division* vers Pont-Rémy et Abbeville pour balayer les positions allemandes le long de la Somme est abandonné et la *2nd British Army* va ainsi pouvoir poursuivre vers Arras et la Belgique. C'est au *II Canadian Corps* qu'est confiée la mission de prendre Abbeville. Le **1er septembre**, la *4th Canadian Armoured Division* avance vers la Somme, via Aumale et Hornoy...

La *1st Canadian Army* doit tout d'abord traverser la Seine et un pont Bailey de classe 40 est bientôt mis en service à Elbeuf ; il porte le nom de « Gray ». Le *Sergeant* Wilkes a photographié ces « enfants français qui saluent la *152nd Brigade, 51st (Highland) Division*, alors que ces chars franchissent la Seine ». (IWM.)

Fer de lance du *II Canadian Corps*, elle est bâtie sur le modèle des divisions blindées britanniques et comprend deux brigades, la *4th Armoured Brigade* et la *10th Infantry Brigade*, un régiment d'artillerie, un régiment de reconnaissance blindé, des éléments du génie, de D.C.A. etc.

La *4th Armoured Brigade* encadre trois régiments de chars, le *21st Armoured Regiment (The Governor General's Foot Guards)*, le *22nd Armoured Regiment (The Canadian Grenadier Guards)* et le *28th Armoured Regiment (The British Colombia Regiment)* et un régiment d'infanterie portée, le *Lake Superior Regiment*. La *10th Infantry Brigade* comprend trois bataillons d'infanterie, le *Lincoln and Welland Regiment*, l'*Algonquin Regiment* et l'*Argyll and Sutherland Highlanders of Canada*.

On voit ici différents blindés de la division lors de son déploiement en Normandie à partir de la fin du mois de juillet 1944 : un *Sherman Firefly* armé du puissant canon de 76,2 mm (ci-contre page de gauche), un *Churchill* (1) et un *Sherman* (2). Les *Cruisers Cromwell* ci-dessous (3) appartiennent pour leur part au régiment blindé de reconnaissance de la *6th Airborne Division* qui a été rattachée à la *1st Canadian Army (I British Corps)* jusqu'au début du mois de septembre avant d'être retirée des opérations et mise en réserve. (DR.)

# Insignes

## 2nd British Army

XXX Corps

XII Corps

VIII Corps

11th Arm. Div.

7th Arm. Div.

3rd Inf. Div.

Guards Arm. Div.

15th (Scottish) Div.

43rd (Wessex) Div.

53rd (Welsh) Div.

50th (Northumbrian) Div.

Collection : Musée Mémorial de la Bataille de Normandie/Bayeux

## 1st Canadian Army

I British Corps

II Canadian Corps

49th (West Riding)

2nd Canadian Inf. Div.

51st (Highland) Div.

3rd Canadian Inf. Div.

4th Canadian Arm. Div.

1st Polish Arm. Div.

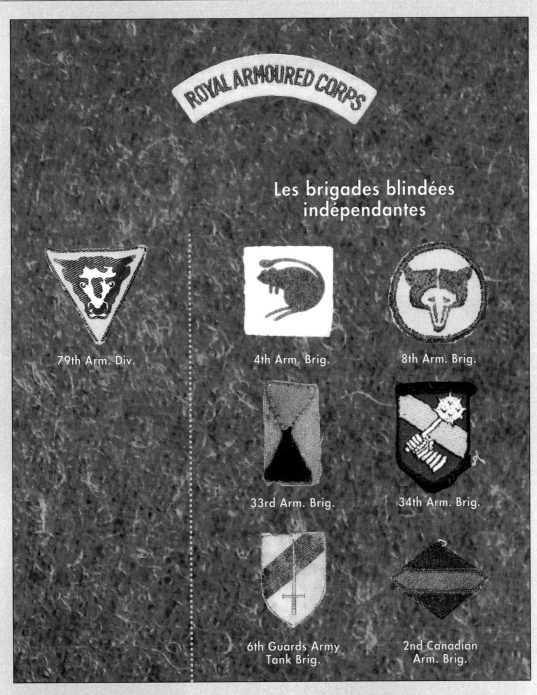

ROYAL ARMOURED CORPS

Les brigades blindées
indépendantes

79th Arm. Div.

4th Arm. Brig.

8th Arm. Brig.

33rd Arm. Brig.

34th Arm. Brig.

6th Guards Army
Tank Brig.

2nd Canadian
Arm. Brig.

## Forces antiaériennes

Anti Aircraft
Command

## Formations de transport
et de maintenance

Etat-major

Unités

# Insignes

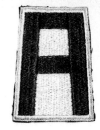

## 1st US Army

XIX US Corps

V US Corps

VII US Corps

30th Inf. Div.

4th Inf. Div.

1st Inf. Div.

79th Inf. Div.

28th Inf. Div.

9th Inf. Div.

2nd Arm. Div.

5th Arm. Div.

3rd Arm. Div.

Collection : Musée Mémorial de la Bataille
de Normandie/Bayeux

## 3rd US Army

XX US Corps

XII US Corps

5th Inf. Div.

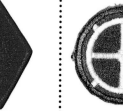

35th Inf. Div.

90th Inf. Div.

80th Inf. Div.

7th Arm. Div.

4th Arm. Div.

# 12ᵀᴴ ARMY GROUP

**9th US Army**

XV US Corps

VIII US Corps

III US Corps

6th Arm. Div.

2nd Inf. Div.

94th Inf. Div.

8th Inf. Div.

104th Inf. Div.

29th Inf. Div.

83rd Inf. Div.

# La poursuite continue

## Episodes des combats

La bataille rangée qui a duré des semaines en Normandie est bien terminée et c'est une course poursuite qui s'engage, comme sans fin. Les quelques épisodes qui suivent restituent bien l'atmosphère de ces jours de la fin août 1944, la joie dans les villes libérées, la confusion, les accrochages, la fatigue...

Les groupes de fantassins détachés pour accompagner les chars à l'avant sont ainsi les premiers à entrer dans les villes libérées et reçoivent *« les acclamations, les baisers et le cognac »* comme en a témoigné un soldat américain. De son côté, un officier canadien a décrit l'ambiance *« tout à fait extraordinaire »* de ces journées :

*« La ville est partout ornée de drapeaux. Il y a beaucoup de drapeaux tricolores, mais l'Union Jack (le drapeau britannique) et le Stars and Stripes (le drapeau américain) sont plus rares et ils sont de fabrication artisanale. J'ai même vu quelques exemples de drapeaux canadiens qui certainement n'auraient pas eu l'accord de l'Académie mais qui auraient fait plaisir à nombre de Canadiens. Tout le monde est dans la rue, et personne ne semble se lasser de saluer les troupes qui passent et qui elles-mêmes ne cessent jamais de saluer en retour, surtout la population féminine. Les jeunes s'agitent et rient et crient, les enfants hurlent et agitent des drapeaux, les mères de famille portent leurs enfants hauts pour qu'ils puissent voir les troupes, les personnes âgées se tiennent sur le bord de la route, l'air heureux... Et l'armée passe...»*

Ailleurs, un incident notable vient rompre la monotonie des jours et enrichit la collection des souvenirs : ainsi, quand les Américains arrivent à Braine (15 kilomètres à l'est de Soissons), le chef de gare leur signale qu'un train allemand est attendu dans un quart d'heure, venant de Paris. Le *Sergeant* Hollis Butler du *486th Antiaircraft Artillery Battalion* (rattaché à la *3rd Armored Division*) place un canon de 37 mm automoteur en batterie au bord de la voie ferrée et, quand le train arrive quelques minutes plus tard, quelques coups de canon détruisent la locomotive. Les artilleurs se font alors fantassins et s'emparent d'un train de 36 wagons, faisant 70 prisonniers.

Pour les Allemands, les derniers jours d'août sont dramatiques, les hommes sont épuisés après des jours de marche sans répit, le ravitaillement fait défaut, les unités sont désorganisées, les communications sont pratiquement inexistantes et l'improvisation est la règle... Les avions alliés attaquent partout à l'improviste et interdisent de fait les mouvements de jour. *« Les Jabos sont redoutables et, de jour, les mouvements ne sont possibles que sur les petits chemins... et nous marchons par petits groupes, à distance, tout en restant en vue les uns des autres. »* (Leutnant Heinz Bliss, *Fallschirmjäger-Lehr-Regiment*). Les convois attendent la nuit pour repartir. *« A l'ouest, le soleil plonge derrière les hauteurs et nous re-partons. Avec la nuit qui tombe, des bois et des granges sortent des voitures, des attelages hippomobiles, roues dans roues, des cyclistes, côtes à côtes, et tous font sur la route comme une vague frémissante. Les éléments survivants des divisions allemandes reprennent comme toutes les nuits leur marche vers l'est...»* (SS-Hauptscharführer Ernst Streng, *SS-Panzer-Abteilung 102*).

Le ravitaillement des véhicules en carburant est bien difficile et comme en a témoigné Heinz Bliss dans *Das Fallschirmjäger-Lehr-Regiment*, il faut parfois en sacrifier pour permettre le repli du « cœur » de l'unité, en l'occurrence ici les tracteurs des canons car l'unité concernée est une batterie du *Fallschirm-Artillerie-Lehr-Regiment 6.*

*« Avant que l'ordre de repli de la division vers un nouveau secteur n'arrive, l'officier d'intendance fait le point de la disponibilité en carburant. Il apparaît que nous disposons de l'essence nécessaire à une avance de trente kilomètres, pas plus. En dépit de tous les efforts, il ne sera pas possible d'en recevoir plus et il est décidé en conséquence de réduire la dotation de tous, au profit des véhicules de l'artillerie. Seuls les véhicules transportant les hommes et les munitions seront ravitaillés. Tous les autres, les voitures mais aussi les camions transportant les affaires personnelles des hommes doivent être abandonnés et incendiés. Cet ordre est donné par le chef d'état-major à tous les commandants d'unité convoqués au P.C. avancé. La bonne exécution de cet ordre sera contrôlée par l'officier d'intendance... »*

La situation n'est pas toujours maîtrisée et, souvent, les pointes des unités alliées coupent les axes de la retraite. Ainsi, entre Seine et Marne, une nuit (la nuit du 28 au 29 août ?), un groupe de la *SS-Panzergrenadier-Brigade 49* se trouve bloqué à un carrefour par l'incessant charroi d'une unité blindée américaine, sans doute des éléments de la *7th Armored Division* du *XX Corps* qui roulent vers le nord-est. S'ils veulent éviter la captivité, ils doivent reprendre sans tarder leur marche vers l'est. Ils décident de tenter leur chance en jouant au plus fin : la nuit est noire, et donc complice, et ils se proposent de demander aux Américains de les laisser passer ! Le *SS-Oberscharführer* Sassen, qui a vécu aux USA avant la guerre et qui parle en conséquence l'anglais avec l'accent des USA, s'avance. Coiffé d'un casque américain et d'une veste de treillis américaine, le tout trouvé dans un véhicule de prise, il demande poliment aux chars de s'arrêter un instant. Les véhicules du groupe s'alignent sur le chemin, tout près les uns des autres, prêts à foncer dès qu'un passage s'ouvrira...

*« Le SS-Untersturmführer Hähnel a pris la tête de la colonne, les autres sections suivent et mon chauffeur ferme la marche avec ma jeep. Quand tout est prêt, je me glisse dans le fossé et l'Oscha. Sassen choisit le bon moment pour se planter au milieu de la route. Un char arrive, il s'arrête devant Sassen qui gesticule et fait de*

grands gestes. *Il explique alors aux Américains qu'il leur faut s'arrêter un moment pour permettre à une unité d'infanterie américaine de passer ce carrefour. Les Américains disent OK, mais demandent de faire vite car ils sont pressés de continuer. Pour ce qui est d'aller vite, nous sommes tout à fait d'accord.* »

« *Moteurs ronflants, le convoi traverse sans tarder. Mon chauffeur arrive le dernier, je monte et nous prenons en passant Sassen, notre "policier". Mâchant un chewing-gum, il s'installe avec une incroyable décontraction dans la jeep et me dit : "OK Chef, comment l'avons-nous fait ?". Nous partons à toute vitesse pour rejoindre le convoi et, en un instant, nous avons disparu dans la nuit de l'autre côté du carrefour. C'est alors que les Américains tirent sur nous, mais sans résultat. Ils ont compris qu'on leur avait joué un tour.* »

En dépit de ces difficultés, la retraite allemande n'est pas une débâcle. Le commandement garde suffisamment la maîtrise de la situation pour mettre en place des groupes d'arrière-garde qui vont ralentir l'avance des pointes alliées. Heinz Bliss a donné cet autre bref témoignage de la résistance qu'opposent les unités allemandes en retraite : dans l'après-midi du 31 août, des éléments de la *6. Fallschirmjäger-Division* en position sur l'Oise au sud de Noyon arrêtent pour un temps les avant-gardes du *V Corps*. Le *Bataillon Schmidt* est sur la gauche, de chaque côté de Morlincourt, le *Fallschirmjäger-Lehr-Regiment* est au centre, entre Larbroye et Pont-L'Evêque et le *Bataillon Reiter* est à l'ouest de Noyon, autour de Suzoy.

« *Dans l'après-midi, les Américains avancent avec des chars et de l'infanterie, sous le couvert de violents tirs d'artillerie et de deux douzaines de Jabos. Ils prennent Sempigny, Pontoise et Varesnes et atteignent l'Oise qu'ils s'apprêtent à traverser. Les parachutistes du* Fallschirmjäger-Lehr-Regiment *et du* Bataillon Schmidt *les prennent à partie. Plus à l'ouest, le* Bataillon Reiter *arrête une autre tentative de percée. Au pont du canal au sud-ouest de Noyon, près de Pont-L'Evêque, des hommes du* Bataillon Schulze (III./Fallschirmjäger-Lehr-Regiment) *détruisent deux automitrailleuses avec leurs* Panzerfaust. »

*Les avant-postes et les observateurs d'artillerie qui se trouvaient sur les hauteurs reviennent à Noyon dans la nuit.*» Une nouvelle étape du repli s'engage alors, vers une nouvelle ligne de résistance temporaire, le canal de la Somme au sud-ouest de Saint-Quentin.

## Bilan au soir du 31 août

Au soir du 31 août, l'attaque lancée le 26 août (directive M-520) est bien partie. Certes, la *2nd British Army* et la *1st US Army* qui portent cette attaque n'ont encore progressé que d'une centaine de kilomètres, mais leur avance est rapide et l'optimisme est de règle. En effet, les Allemands n'opposent qu'une résistance sporadique et tout indique qu'ils n'ont pas eu le temps de rétablir une ligne de défense digne de ce nom, pas plus sur la Somme que sur la Marne ou la Meuse.

A Amiens, la *11th Armoured Division* a atteint son objectif, se saisir des ponts sur la Somme, et la tête de pont établie au nord de la rivière fait déjà plus de cinq kilomètres de large. Sur la droite, les pointes de la *Guards Armoured Division* ont également pris des ponts et sur la gauche, les avant-gardes de la *4th Armoured Brigade* s'apprêtent à franchir la Somme dans les prochaines heures. Au soir, les premiers éléments de la *50th (Northumbrian) Division* ont pris le secteur d'Amiens en charge et la *11th Armoured Division* s'apprête à reprendre la poursuite... Dans l'après-midi, la *2nd British Army* a en effet reçu de nouvelles instructions : ses unités blindées vont poursuivre sans tarder vers Arras et Saint-Pol, laissant la *1st Canadian Army* s'occuper de la Somme et balayer les forces allemandes qui pourraient tenir sur la rivière.

Sur la droite, la *1st US Army* est un peu en arrière. Aux premières heures du 1er septembre, les pointes des *XIX Corps* et *V Corps* sont échelonnées entre Beauvais et Soissons, et l'Aisne est franchie. Sur le flanc droit de l'armée, les avant-gardes de la *3rd Armored Division*, *VII Corps*, sont plus en avant, à Montcornet et Rethel.

Sur la droite, les avant-gardes de la *3rd US Army* ont progressé de plus de deux cents kilomètres en trois jours, cela alors même que Montgomery s'ef-

Le 28 août, à Braine, à l'est de Soissons, le chef de gare signale aux chars de pointe qu'un train allemand est attendu dans un quart d'heure. La nouvelle laisse les tankistes américains plutôt indifférents mais elle intéresse le *Sergeant* Hollis Butler du *486th Anti-aircraft Artillery Battalion*. Les avions allemands sont rares dans le ciel et l'ennui guette son équipe ! Il place alors un canon de 37 mm automoteur en batterie au bord de la voie ferrée et quand le train arrive quelques minutes plus tard, la locomotive est détruite en quelques coups bien ajustés. Come le montre ce cliché, le convoi intercepté transportait des *Tiger*. (US Army.)

forçait de convaincre Eisenhower qu'il vaudrait mieux arrêter toute opération offensive dans ce secteur. Le 31 août, les pointes de la *4th Armored Division, XII Corps*, ont pris les ponts sur la Meuse à Commercy et Pont-sur-Meuse avant que les Allemands n'aient eu le temps de les détruire et la *7th Armored Division, XX Corps*, en a fait de même à Verdun. La pénurie de carburant est toutefois critique et l'élan de la *3rd US Army* est brisé.

Sur la gauche, dans le secteur de la *1st Canadian Army*, la *2nd Canadian Division* libère Dieppe sans difficultés au matin du 1er septembre, effaçant ainsi le souvenir douloureux du raid d'août 1942. Le lendemain, la *51st (Highland) Division* va entrer à Saint-Valéry-en-Caux, là même où la division avait été capturée en juin 1940. A noter que dans sa directive M-519 du 20 août, Montgomery avait suggéré de telles manœuvres : « *Toute l'Ecosse sera reconnaissante au commandant en chef de la* 1st Canadian Army *de prendre les mesures qui permettront à la* 51st (Highland) Division *de se saisir de Saint-Valéry. Egalement, je ne doute pas que la* 2nd Canadian Division *s'occuperait très efficacement de Dieppe.* »

Pour les Allemands, si ces journées sont dramatiques, leur retraite n'est pas une débâcle. Cela grâce à la compétence du commandement et aux efforts et à la discipline des hommes, mais aussi grâce au fait que les armées alliées ont mené la poursuite sur un rythme hésitant. C'est en tout cas ce que diront plus tard les officiers allemands qui étaient sur le terrain. Néanmoins, la bataille de France est une totale défaite pour la *Wehrmacht* : les pertes sont lourdes, de nombreuses divisions ont été décimées (*dezimiert* indiquent les rapports d'époque) ou mises en pièces *(zerschlagen)*, et les unités qui se rassemblent derrière la « ligne de défense à l'Ouest » sont épuisées, désorganisées, et souvent réduites à la taille d'un *Kampfgruppe*...

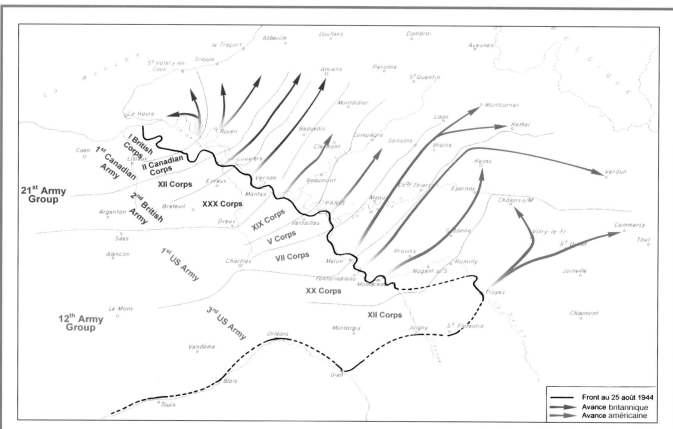

**La situation au 31 août**

Sur l'aile gauche, tandis que la *49th (West Riding) Division* a atteint Lillebonne le 31 août et poursuit son avance vers le Havre, la *2nd Canadian Division* progresse vers Dieppe ; sur la droite, à la tête du *II Canadian Corps*, la *4th Canadian Armoured Division* a atteint Buchy. C'est, on l'a vu, la *2nd British Army* qui porte l'axe principal de l'attaque : poussant de la tête de pont de Vernon en tête du *XXX Corps* le 29 août, la *11th Armoured Division* a atteint Amiens, suivie sur sa droite par la *Guards Armoured Division* ; suivent les *50th (Northumbrian) Division* et *43rd (Wessex) Division*. Le 30 août, le *XII Corps* a démarré à son tour de la tête de pont des Andelys, avec la *7th Armoured Division* en tête et les *15th (Scottish) Division* et *53rd (Welsh) Division*. Dans le secteur de la *1st US Army*, le *VII Corps* a attaqué le premier, le 26 août, avec la *3rd Armored Division*, la *9th Infantry Division* et la *1st Infantry Division* ; bousculant les faibles éléments allemands rencontrés en chemin, les avant-gardes de la *3rd Armored Division* sont à Laon le 30 puis à Montcornet et Rethel le lendemain. Sur le flanc gauche de l'armée, le *XIX Corps* avance à son tour deux jours plus tard, la *2nd Armored Division* ne rencontre pas d'opposition sérieuse et le 31 août, ses éléments de pointe sont entre Compiègne et Beauvais. Au centre, après avoir paradé à Paris, le *V Corps* s'engage le 29 août avec la *28th Infantry Division* et la *4th Infantry Division* ; puis la *5th Armored Division* passe en tête et ses avant-gardes atteignent bientôt la forêt de Compiègne. Sur le flanc droit des armées alliées, dans le secteur de la *3rd US Army*, le *XX Corps* (avec la *7th Armored Division* et les *5th* et *90th Infantry Divisions*) a avancé de Vulaines et Montereau vers Reims puis droit vers l'est ; le CCA de la *7th Armored Division* s'est ainsi saisi d'un pont à Verdun. Sur l'aile droite, le *XII Corps* (avec la *4th Armored Division* et la *80th Infantry Division*) a poussé de Troyes vers Châlons-sur-Marne et Saint-Dizier et le 31 août, le CCA de la *4th Armored Division* a atteint la Meuse à Commercy et Pont-sur-Meuse. A noter qu'au soir du 31 août, la *3rd US Army* a progressé plus vite que tout le monde, plus vite que la *2nd British Army* qui est sur l'axe principal de l'attaque. Dans les prochains jours, tandis que la *2nd British Army* et la *1st US Army* vont « emballer » la poursuite et battre des records de vitesse, la *3rd US Army* est pratiquement arrêtée par le manque de carburant : priorité à l'effort principal !

# Objectif Anvers !

# 2 - De la Somme à la Meuse
## 1<sup>er</sup>-10 septembre 1944

## La retraite allemande

**1, 2** et **3.** Le 29 août, le maréchal Model a donné un ordre de repli général sur « la ligne de défense allemande à l'Ouest », une ligne qui se déploie, en théorie, sur l'estuaire de l'Escaut, le long du canal Albert et de la Meuse, puis sur le *Westwall* et la Moselle. Sur le boulevard Fulgence Masson à Mons, une série sans fin de véhicules, disparates et surchargés... Ces hommes appartiennent pour la plupart à la *Luftwaffe, 6.* ou *3. Fallschirm-Jäger-Divisionen*... Noter que la tension est grande et que des hommes armés se tiennent à l'avant des véhicules, fusils ou grenades en main.

(ECPArmées.)

**4** et **5.** Une voiture à gazogène en panne précédée par un camion camouflé avec des branchages. Des hommes du *Heer* et de la *Waffen-SS* ont pris place sur ce dernier, parmi lesquels un tankiste reconnaissable à son uniforme noir.

(ECPArmées.)

WH-398066

83

## La retraite allemande à Mons

Contrairement aux deux pages précédentes, ces hommes ne sont pas motorisés et utilisent des vélos et des chevaux réquisitionnés pour se replier. Ils ont encore belle allure après des jours d'une retraite épuisante et démoralisante, mais sans doute le photographe a-t-il choisi ses sujets, se détournant des hommes défaits et dépenaillés.

(ECPArmées.)

# 6

# La « poche » de Mons

Bien que les conditions météorologiques ne soient pas bonnes à la fin août, les vols de reconnaissance sont suffisamment nombreux pour donner de précieuses informations aux Q.G. alliés. Ainsi, le 31 août, ayant appris que d'importants convois allemands retraitaient sur les routes au nord d'Amiens et de Saint-Quentin, Bradley décide de leur couper la route en poussant la *1st US Army* vers le nord. Les pointes de la *1st US Army* vont ainsi pénétrer dans le secteur du *21st Army Group* mais malgré les récentes polémiques, Bradley décide d'y aller quand même. Le **31 août**, vers midi, il demande à Hodges de prendre Tournai, au plus tard le 2 septembre à minuit. Il s'est bien gardé d'aviser Eisenhower ou Montgomery de cette initiative.

Cet empressement trouve sans doute son origine dans le peu d'intérêt que Bradley porte aux opérations aéroportées : il s'est souvent opposé à de telles opérations, affirmant que les avions de transport rendraient de bien meilleurs services en amenant de l'approvisionnement pour les troupes. Quand une nouvelle opération aéroportée, l'opération « Lynnet I », a été envisagée dans le secteur Courtrai - Ypres - Lille, au nord-ouest de Tournai, Bradley s'y est opposé mais Eisenhower ne l'a pas suivi. Bradley a alors remarqué qu'à son avis, les troupes au sol seraient à Tournai avant les parachutistes. On comprend mieux pourquoi il n'a pas avisé Eisenhower de son projet d'envoyer le *XIX Corps* à Tournai !

En ce dernier jour d'août, les trois corps de la *1st US Army* sont déployés comme suit : sur la gauche, le *XIX Corps* du *Major-General* Charles H. Corlett (entre Beauvais et Compiègne), au centre le *V Corps* du *Major-General* Leonard T. Gerow (entre Compiègne et Soissons) et sur la droite le *VII Corps* du *Major-General* J. Lawton Collins (avant-gardes au-delà de Montcornet et Rethel).

Dans l'après-midi, le *Brigadier-General* Truman C. Thorson, l'officier des opérations de la *1st US Army*, arrive au Q.G. du *XIX Corps* avec de nouvelles directives : il faut changer immédiatement de direction, avancer vers le nord et prendre Tournai, cela avant le 2 septembre à minuit. Dans le même temps, les *V Corps* et *VII Corps* reçoivent également l'ordre d'avancer vers le nord-est, le premier via Le Cateau et Bavai pour aller couper la route Lille - Bruxelles à l'est de Tournai, le second via Avesnes et Maubeuge pour se saisir de Mons.

Il faut faire vite et Corlett mobilise tous les camions dont il dispose pour motoriser ses divisions d'infanterie. Derrière la *2nd Armored Division* qui va partir en tête, le *XIX Corps* engage ainsi cinq régiments d'infanterie motorisés, trois de la *79th Infantry Division* et deux de la *30th Infantry Division*.

Aux premières heures du **1er septembre**, les avant-gardes du *XIX Corps* franchissent la Somme et avancent à toute vitesse vers le nord-est, le CCA de la *2nd Armored Division* en tête. Aucune opposition n'est rencontrée, l'avance est rapide et la *2nd Armored Division* a ainsi l'honneur d'être la première unité alliée à entrer en Belgique.

Les Britanniques réagissent rapidement à cette incursion des troupes américaines dans leur secteur et en début d'après-midi, un officier du *21st Army Group* arrive au Q.G. du *XIX Corps* pour protester. L'état-major d'Eisenhower est informé en soirée, la pression monte, et Hodges est contraint d'appeler Corlett pour lui demander d'arrêter son avance vers Tournai. Il est trop tard ! Vers 20 h 00, les avant-gardes du *XIX Corps* entrent à Tournai. Bradley a gagné son pari. Dans l'après-midi, apprenant que les pointes du *XIX Corps* approchaient de Tournai, Eisenhower a temporairement suspendu l'opération « Lynnet I ». Après en avoir parlé avec Montgomery, il décide finalement d'annuler l'opération aéroportée. Pour ne pas jeter de l'huile sur le feu, l'état-major de la *1st Allied Airborne Army* annonce fort à propos que l'opération a été annulée à cause de mauvaises conditions météorologiques.

Quant aux *V* et *VII Corps*, ils se sont également tournés vers le nord-est le 1er septembre. En utilisant tous les véhicules disponibles, ceux de l'artillerie et du génie compris, pour « motoriser » la *4th Infantry Division* et la *28th Infantry Division*, le *V Corps* a poussé ses groupes de combat via Noyon et Saint-Quentin. Au matin du 2 septembre, les groupes d'avant-garde s'arrêtent, en panne d'essence, dans le secteur de Landrecies. Sur la droite, le *VII Corps* a poussé la *3rd Armored Division* vers Mons et au soir du 2, les chars du CCB sont à Blaregnies et Ghlin et le CCA est dans les faubourgs sud de la ville. Le lendemain matin, tandis que la *3rd Armored Division* prend le contrôle de Mons, la *1st Infantry Division* atteint Maubeuge et la *9th Infantry Division* Charleroi.

Au cours de leur avance vers Tournai et Mons, les groupements tactiques de la *1st US Army* n'ont pratiquement pas rencontré d'opposition. L'absence de troupes allemandes dans le secteur n'est qu'apparente et sur la ligne Cambrai – Valenciennes - Mons, des dizaines de milliers d'hommes se replient vers le nord-est.

Les chefs américains impliqués dans la fermeture de la poche à Mons : le *Major-General* Leonard Gerow *(V Corps)* et le *Major-General* Joe Collins *(VII Corps)*, respectivement à gauche et à droite du général Eisenhower sur la photo ci-dessous. A l'extrême gauche, le général Bradley qui a décidé le 31 août de couper la retraite des unités allemandes en prenant Tournai. Ci-dessous : Le *Major-General* Charles Corlett. (US Army.)

Parmi eux, un *Kampfgruppe* de la *1. SS-Panzer-Division* qui poursuit sa retraite après avoir échappé de peu aux blindés britanniques au sud d'Amiens, « *se cachant de jour dans les bois, marchant toute la nuit* ». Ernst Buchta, de la *SS-Flak-Abteilung 1*, raconte :

« *La première nuit (NdA - sans doute la nuit du 30 au 31 août), approchant d'une ferme, nous voyons un groupe d'une vingtaine de chars ennemis arrêtés sous les arbres d'un verger. Nous repérons deux sentinelles qui discutent devant un des chars. Le SS-Oberscharführer Streng fait le projet de neutraliser les sentinelles, puis les équipages des chars, mais un* SS-Obersturmführer *dit que c'est une mauvaise idée : le bruit de l'escarmouche nous ferait certainement repérer. Nous contournons alors la ferme par la gauche et reprenons notre route. Le bruit de nos moteurs n'inquiète pas les "Amis" qui pensent que c'est un de leurs convois et nous continuons sans problème.* »

« *La troisième et dernière nuit,* (NdA - la nuit du 1er au 2 septembre) *un chemin creux nous amène, sans nous laisser la possibilité de le contourner, dans un petit village au sud-ouest de la Capelle* (NdA - près d'Englancourt ?). *Toutes les maisons sont pavoisées de drapeaux tricolores et de bannières étoilées. Une maison est brillamment éclairée, ce doit être l'auberge du village. Quand notre convoi approche, les Français et les "Amis" se précipitent dehors et de bruyants « Vive la France ! », « Vive l'Amérique ! », nous accueillent. Nous ouvrons le feu de toutes nos armes. Ils savent maintenant à quoi s'en tenir et se jettent sur leurs armes. Sous les tirs venant de droite et de gauche, tirs auxquels nous répliquons, nous traversons le village à plein gaz et nous partons.* »

Le **31 août**, ayant perdu tout contact avec la *5. Panzer-Armee* dont ils dépendent, le *General der Panzertruppen* Walter Krüger, le commandant du *LVIII. Panzer-Korps*, le *SS-Obergruppenführer* Wilhelm Bittrich, le commandant du *II. SS-Panzer-Korps* et le *General der Infanterie* Erich Straube, le commandant du *LXXIV. Armee-Korps*, se sont réunis près de Saint-Quentin pour faire le point. Sur leur gauche, s'avancent déjà les chars de la *3rd Armored Division* qui progressent vers Mons et tout contact avec le *I. SS-Panzer-Korps* (*SS-Obergruppenführer* Georg Keppler) est perdu. Tous trois décident de former un état-major d'armée de circonstance et Straube, le plus ancien en grade, en prend le commandement.

Les unités ainsi isolées appartiennent principalement à la *18. Feld-Division (L)*, aux *3.* et *6. Fallschirm-Jäger-Divisionen* et aux *47.* et *275. Infanterie-Divisionen*. Avec elles, le *Kampfgruppe von Aulock*, divers éléments de la *348. Infanterie-Division* et des groupes hétéroclites d'égarés de toutes origines. L'essence et les munitions manquent et les moyens de communication sont pratiquement inexistants.

Les quelques rapports qui lui sont parvenus et l'écoute du trafic radio allié ont confirmé à Straube que ses forces étaient en train d'être encerclées. Il s'efforce alors d'organiser le repli, avec le *II. SS-Panzer-Korps* couvrant le flanc gauche et le *LVIII. Panzer-Korps* le flanc droit. A l'ouest, la *6. Fallschirm-Jäger-Division* est dans la région de Valenciennes, la *18. Feld-Division (L)* dans le secteur de Douchy, la *3. Fallschirm-Jäger-Division* à l'ouest du Cateau et le *Kampfgruppe von Aulock* dans la forêt de Mormal. Le 1er septembre, vers 19 h 45, en accord avec Krüger et Bittrich, Straube donne l'ordre de repli vers le nord. Juste après 23 h 00, il replie son P.C. à Preux-au-Bois, au nord-est du Cateau.

Ci-dessus : Sur la Place de Flandre, à Mons, des panneaux orientent la retraite : noter l'emblème de la *2. Panzer-Division* (le trident), les noms de Peiper (*1. SS-Panzer-Division*), Telkamp (*9. SS-Panzer-Division*), Holz, Kreyling... Cet homme trace une flèche à la craie sur le trottoir, mais qui va la remarquer ?

(ECPArmées.)

Le *General der Infanterie* Erich Straube, chef du *LXXIV. A.K.* et commandant des forces encerclées dans la poche de Mons.
(ECPArmées.)

Le **2 septembre**, plusieurs des ordres envoyés par la *5. Panzer-Armee*, ordres dépassés par les événements, sont ignorés et la manœuvre se poursuit. Aux premières heures du **3 septembre**, les groupes allemands en retraite se heurtent aux barrages établis sur les routes par les Américains et de nombreuses escarmouches éclatent ici et là.

Dans « Danger Forward », l'historique de la *1st Infantry Division*, Mark Watson raconte : « *Les rencontres entre des Allemands en retraite venant de la gauche et tombant sur des forces américaines qu'ils n'avaient pas imaginé rencontrer se répètent maintenant à tous les carrefours. Les compagnies accueillent ces égarés de rafales qui en tuent un grand nombre et qui convainquent des cen-*

*taines d'autres, désormais sans chef, de se rendre. L'action terminée, les commandants de bataillon, enchantés, s'empressent d'appeler le régiment ou la division pour faire état de leur succès. C'est seulement pour s'entendre répondre par l'état-major débordé que de tels événements sont en train de se produire partout, à l'avant comme à l'arrière.* »

« *Le principal problème n'est pas de battre un ennemi totalement démoralisé mais bien de trouver des champs pour rassembler les prisonniers. Les ennemis tués sont nombreux mais on peut les laisser aux villageois, alors que les prisonniers doivent être désarmés, gardés et transportés jusqu'à un camp. Cela n'est pas une tâche facile pour une division qui a fait plus de prisonniers qu'elle ne dispose de soldats. La route par laquelle nous sommes arrivés présente bientôt le spectacle surprenant de longues colonnes de prisonniers, gardés seulement par deux policiers militaires en tête de colonne et une Jeep à l'arrière, avec une ou deux mitrailleuses ou pas du tout.* »

« *Sur les côtés de la route, quelquefois debout en ordre de marche, quelquefois se reposant librement sur les bas-côtés, des groupes de prisonniers attendent d'être emmenés. Les prisonniers sont embarqués sur des camions, pressés debout les uns contre les autres, sans autre gardien que le chauffeur. La discipline reste bonne et souvent on voit des colonnes de 500 prisonniers, désarmés, sales, épuisés, se sachant battus et leur pays perdu, mais qui répondent instantanément à un ordre et qui prennent la cadence de marche pour partir vers les camps, la tête haute. Avec émotion, ils regardent les paysans qui creusent de longues tranchées dans les champs sur les côtés de la route pour enterrer les morts allemands dont les corps gisent empilés comme des bûches de bois à tous les carrefours.* »

« *Une portion de route offre un spectacle qui afflige même ceux qui depuis des semaines n'ont rien vu d'autre que la mort et la misère. A cet endroit, une colonne de soldats allemands marchant à plusieurs de front sur toute la largeur de la route a été repérée par des chasseurs-bombardiers américains. Les avions ont abandonné leur mission pour un temps et ont mitraillé la colonne d'un bout à l'autre.*

Au soir du 2 septembre, les pointes du CCA de la *3rd Armored Division* arrivent à Mesvin, juste au sud de Mons. Un half-track M3A1, et plus avant trois camions *Brockway TM9-813* du *23rd Armored Engineer Battalion*. (Coll. Y. Bourdon.)

*Un instant plus tard, notre artillerie est entrée en action et ses salves ont parachevé le massacre, ne laissant qu'un petit groupe de survivants être faits prisonniers. Nous devons passer sur cette route et les bulldozers la dégagent en poussant de côtés ces horribles débris d'hommes. De jeunes soldats qui avaient dit en fanfaronnant que jamais ils ne verraient suffisamment d'Allemands morts ont bien changé de discours ce jour là. »*

En trois jours, des milliers d'hommes ont été tués (3 500 ?) dans la poche de Mons et près de 25 000 ont été faits prisonniers. Parmi eux, trois généraux et une partie au moins de leur état-major : le *Generalmajor* Rüdiger von Heyking, commandant la *6. Fallschirm-Jäger-Division*, le *Generalmajor* Carl Wahle, commandant la *47. Infanterie-Division*, et le *Generalmajor* Hubertus von Aulock, le dernier commandant des forces couvrant Paris. Les Américains noteront que parmi les prisonniers, plus d'une vingtaine de divisions se trouvent représentées.

Si les pertes ont été lourdes (40 chars, 100 engins blindés, 120 pièces d'artillerie, près de 2 000 véhicules...), l'impression de désastre total qui transparaît des témoignages américains doit être relativisée. En effet, près de 40 000 hommes ont échappé au piège et ont réussi à rejoindre leurs lignes. Parmi ceux ci, se trouvent le *General der Infanterie* Straube, le *General der Panzertruppen* Krüger et le *SS-Obergruppenführer* Bittrich ainsi que leurs états-majors.

Incontestablement, c'est le manque de punch des unités américaines qui a permis à l'« Armee Straube » d'échapper à une destruction totale. Dès le 1er septembre, Hodges a avisé Corlett, Gerow et Collins qu'il leur fallait se préparer à repartir vers l'est et le lendemain, il leur a demandé de s'arrêter sur les positions acquises. Tous ne pensent qu'à forcer le *Westwall* et aucun ne s'est inquiété de la lenteur de l'avance de ses avant-gardes vers le nord. Cela alors que Collins aurait dû admonester la *3rd Armored Division* pour avoir mis deux jours à parcourir 80 kilomètres sans qu'aucune résistance ne lui ait pourtant été opposée. Alors qu'il a en

main des cartes allemandes saisies montrant les axes des mouvements de repli, le *Major-General* Maurice Rose, le commandant de la *3rd Armored Division*, reste comme indifférent. Le 2 septembre, il donne à ses troupes l'ordre de quitter Mons le lendemain matin pour avancer vers Namur.

C'est ainsi que d'importantes forces allemandes réussissent à s'échapper les 2 et 3 septembre, certaines au travers de secteurs déjà traversés par les avant-gardes de la *3rd Armored Division* mais laissés libres, la *1st Infantry Division* étant encore loin derrière...

Ci-dessus et ci-dessous : La population réserve un accueil chaleureux à ses libérateurs et se fait photographier en compagnie des soldats américains. Y. Bourdon et les autres auteurs du livre « La poche de Mons » ont fait un remarquable travail d'identification : ainsi, ont-ils situé ce chasseur de chars M10 du *634th Tank Destroyer Battalion* (attaché à la *1st Infantry Division*) arrêté devant la maison de Mme Lion, chaussée Brunehault, à Mesvin.

(Coll. Y. Bourdon.)

1

### La « poche » de Mons : L'avance du *XIX Corps*

**1, 2** et **3.** Le 31 août, Bradley décide de s'interposer sur les axes de retraite des troupes allemandes. Pour cela, il engage la *1st US Army* vers le nord, objectif Tournai, avec le projet d'encercler et de détruire une dizaine de divisions d'infanterie et deux divisions blindées. L'opération démarre au matin du 1er septembre : sur l'aile gauche, en pointe du *XIX Corps*, la *2nd Armored Division* et des *Task Forces* de la *30th Infantry Division* avancent via Péronne et Bapaume où ces photos ont été prises. (Coll. A. Coilliot.)

2

3

**4.** Le 2 septembre, les pointes du *XIX Corps* poursuivent vers le nord, vers Tournai. Cette photo a été prise ce jour-là, à Aubencheul-au-Bac, à douze kilomètres au nord-ouest de Cambrai, quand un *Sherman* de la *2nd Armored Division* qui fonce à pleine vitesse vers Douai passe un véhicule allemand en flammes. (US Army.)

**5.** Ce même jour, des *Stuart* de la *2nd Armored Division* traversent la Grande Place de Saint-Amand, à une quinzaine de kilomètres au nord de Valenciennes. Noter que le char de tête porte encore le *Cullin Device*, de grosses griffes soudées à l'avant du char pour lui permettre de forcer un passage au travers des haies du bocage normand. (US Army.)

**La « poche » de Mons : l'avance du V Corps**

**1, 2** et **3.** Au centre de la *1st US Army*, le *V Corps* s'engage également vers le nord, mais avec un temps de retard par rapport au *XIX Corps.* Le 1er septembre au soir, les pointes du *V Corps* sont à Noyon. Ces photos ont été prises place du Brouage à Chauny, le 2 septembre.

(Coll. J. Hallade.)

1

2

3

**4.** Via Saint-Quentin, les pointes du *V Corps* atteignent Bohain puis poursuivent vers Le Cateau. A Bohain, des résistants ramènent trois prisonniers allemands. (Coll. J. Hallade.)

**5.** Le 2 septembre, les avant-gardes du *V Corps* s'arrêtent, en panne d'essence, dans le secteur de Landrecies. Cette photo a été prise deux jours plus tard, place du Général de Gaulle au Cateau. (US Army.)

93

## La fermeture de la « poche » de Mons

**1.** Quand l'ordre arrive de la *1st US Army*, « changer immédia-tement de direction et avancer vers le nord », *la 3rd Armored Division* dont les pointes sont alors à Rethel et Novion-Porcien doit faire une conversion de 90° vers la gauche. Au soir du 31 août, le CCA se regroupe au nord de Rozoy et à Brunehamel. Cette photo a été prise à Brunehamel, à 25 kilomètres à l'est de Vervins. Ecrit à la craie sur le côté de ce *Sherman*, on peut lire « Vive les Américains »... (F. Copigneaux, via J. Hallade.)

**2, 3** et **4.** Ces photos ont été prises à Vervins, le 1er septembre, quand des éléments de la *3rd Armored Division* traversent la ville, direction Avesnes. Une Jeep, un M8 (*Howitzer Motor Carriage* montant un canon de 75 mm sur un châssis de char léger M5), une auto blindée M8 (*Light Armored Car*), un M3 *Grant* (un engin remplacé par le M4 *Sherman* et déclaré obsolète en avril 1944)...
(A. Oget, via J. Hallade.)

**4**

## La fermeture de la « poche » de Mons : l'avance américaine en Belgique

**1.** C'est à la *2nd Armored Division* que revient l'honneur d'être la première unité alliée à entrer en Belgique. En effet, vers 9 h 30 au matin du 2 septembre, un éclaireur à moto du *82nd Armored Reconnaissance Battalion* franchit le pont sur l'Elnon, près de Rumes, au sud-ouest de Tournai. Accueilli aux cris de « Vive les Anglais ! », il fait remarquer qu'il est Américain puis s'en retourne rapidement quand il comprend, en voyant les drapeaux, qu'il n'est plus en France : il n'a pas reçu l'ordre de franchir la frontière. Une Jeep arrive quelques minutes plus tard. Cette photo des half-tracks du *41st Armored Infantry Regiment* entrant en Belgique a été prise le 2 septembre entre Bercu, en France, et Rumes, en Belgique. (US Army.)

**2.** A Rongy, le photographe américain Bill Augustine a pris cette photo d'une M8 du *113th Cavalry Group*, *XIX Corps*, entrant en Belgique. L'énergie et la grâce avec lesquelles cette jeune femme porte le drapeau belge sont de toute beauté. (US Army.)

**3.** Au soir du 2 septembre, les pointes du CCA de la *3rd Armored Division* arrivent à Mesvin, juste au sud de Mons. Dans le même temps, le CCB a avancé sur la gauche. Cette photo du *Sherman* « Ferocious III » du *33rd Armored Regiment* a été prise le 3 septembre sur la Grande Rue de Jemappes. Noter les remerciements et les dédicaces écrits à la craie sur les flancs du char par la population enthousiaste. (Coll. Y. Bourdon.)

**3**

**4**

**4.** Au soir du 2, les avant-gardes du *XIX Corps* entrent à Tournai... Cette photo d'une Jeep *du 113th Cavalry Group* a été prise deux jours plus tard et les Britanniques sont également en ville comme le prouve la présence d'une auto-blindée *Daimler* devant la Jeep. Bien que le photographe américain ait noté que cette photo avait été prise à Couvin, à cent kilomètres de Tournai (!), P. Taghon a fort brillamment identifié cette rue comme étant la chaussée de Douai à Tournai. (US Army.)

**5.** A Ghlin, juste à l'ouest de Mons, ces *Sherman* du *33rd Armored Regiment* se déploient pour réduire des positions encore tenues par des Allemands. Cette photo a été prise par le photographe américain DeMarco. (US Army.)

**5**

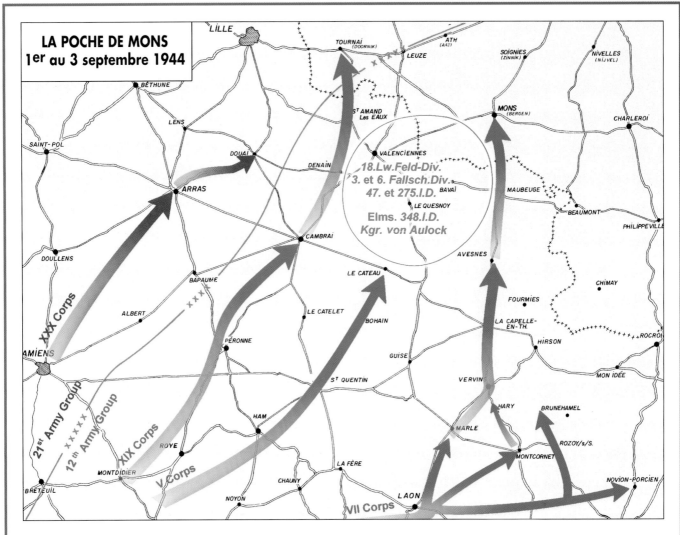

**LA POCHE DE MONS
1er au 3 septembre 1944**

*18.Lw.Feld-Div.
3. et 6. Fallsch.Div.
47. et 275.I.D.
Elms. 348.I.D.
Kgr. von Aulock*

## L'avance de la *1st US Army* vers le nord, les 1er et 2 septembre.

Le 31 août, les trois corps de la *1st US Army* sont déployés comme suit : sur la gauche, entre Beauvais et Compiègne, le *XIX Corps* ; au centre, entre Compiègne et Soissons, le *V Corps* ; sur la droite, avec ses pointes à Rethel et Montcornet, le *VII Corps*. Dans l'après-midi, Hodges envoie un ordre pressant : il faut changer immédiatement de direction et avancer vers le nord. On voit comment la *3rd Armored Division*, dont les pointes sont alors à Rethel et Novion-Porcien, fait demi-tour quand arrive à 14 h 30 l'ordre d'attaquer vers Mons. Au soir, après une conversion de 90°, le CCA se regroupe au nord de Rozoy et à Brunehamel, le CCB à Marle et Hary (au sud de Vervins). L'attaque démarre au matin du 1er septembre. Sur l'aile gauche, en pointe du *XIX Corps*, la *2nd Armored Division* et des *Task Forces* de la *30th Infantry Division* ; au centre, en tête du *V Corps*, la *4th Infantry Division* avec un groupe de combat de la *5th Armored Division* ; sur l'aile droite, la *3rd Armored Division* est le fer de lance du *VII Corps*. Au matin du 2 septembre, les pointes du *V Corps* s'arrêtent, en panne d'essence, dans le secteur de Landrecies. Au soir, tandis que les avant-gardes du *XIX Corps* entrent à Tournai, les chars du CCB de la *3rd Armored Division* sont à Blaregnies et Ghlin et ceux du CCA dans les faubourgs sud de Mons. Les pointes du *XIX Corps* sont entrées dans le secteur du *21st Army Group* et dans l'après-midi du 2, les Britanniques n'ont pas tardé à réagir.

En trois jours, près de 25 000 Allemands vont être faits prisonniers. D'après la légende d'origine de cette photo prise le 3 septembre, ce capitaine d'une unité de parachutistes est venu seul vers les Américains pour ensuite les guider vers ses hommes et permettre ainsi leur reddition sans violence inutile. (US Army.)

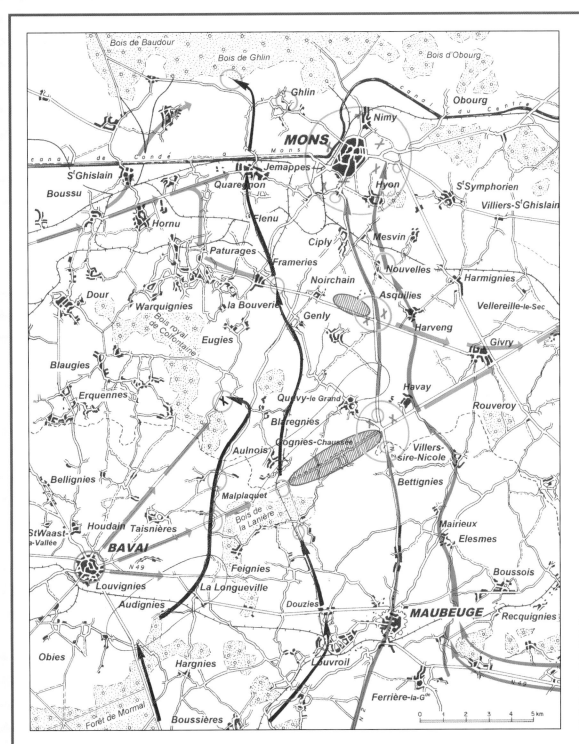

Parmi les prisonniers, trois généraux : ici le *Generalmajor* Rudiger von Heyking, le commandant de la *6. Fallschirm-Jäger-Division*, au moment de sa capture. (Coll. Y. Bourdon.)

## LA FERMETURE
## DE LA POCHE DE MONS

➤ Axes de progression du CCB (*Colonel* Boudinot)

➤ Axes de progression des CCA (*Brigadier-General* D.G. Hickley) et CCR (*Colonel* Louis Léone)

✕ ✕ Barrages routiers américains

➤ Routes de retraite des Allemands

◯ Zones des principaux combats

⬭ Bombardement des colonnes allemandes par l'aviation alliée le 3 septembre dans l'après-midi

◯ Zones de regroupement des *18th* et *26th Infantry Regiments* (*1st Infantry Division*)

Nota : le CCR a suivi le même itinéraire que le CCA avec 5 heures de retard. La progression de la *1st Infantry Division* du *Major-General* Huebner s'est faite sur les mêmes routes que les blindés.

Au cours de leur retrai-
te, les forces alle-
mandes, bousculées
par les troupes alliées
lancées à leur pour-
suite, vont fréquem-
ment devoir laisser sur
place leurs véhicules et
leurs engins par
manque de carburant.
Tel est le cas de ce
Pz.Kpfw. IV abandon-
né à Bohain qui a été
libérée par les avant-
gardes du *V Corps*
américain. Des jeunes
ont pris place sur le
char et s'y amusent.
(Coll. J. Hallade.)

Page ci-contre en bas : Le char « 502 » de Bohain. Il porte le numéro correspondant au véhicule du commandant adjoint d'une 5ᵉ compagnie d'un régiment blindé. A noter sur la photo que le chiffre « 2 » a également été peint sur la face interne des *Schürzen* de tourelle afin que le numéro du blindé soit lisible lorsque la trappe d'accès du pointeur est ouverte.

Ci-dessus : *Jagdpanther* appartenant à la *3. Kompanie* de la *schwere Panzerjäger-Abteilung 654* vu le 30 août 1944 à Beauvais alors qu'il était remorqué par un autre engin de la même unité. Ce Sd.Kfz. 173 (appellation officielle du *Jagdpanther*) a la particularité d'avoir deux marques de nationalité *(Balkenkreuz)* sur ses côtés.

Ci-dessous : *Opel Blitz* aperçu à Mons lors du passage des troupes allemandes en retraite au tout début du mois de septembre. La plaque d'immatriculation endommagée ne permet pas de savoir à quelle arme appartient ce véhicule qui a constitué le camion standard de l'armée allemande tout au long du conflit. Il s'agit ici de la version « légère » disposant d'une capacité d'emport de 1,5 t. De 1938 à 1942, environ 10 000 camions de ce type ont été livrés. La version « lourde » type S avait une charge utile de 3 tonnes et a été au total produite à près de 70 000 exemplaires.

(Peintures Erik Groult/Heimdal.)

## 7

# Avec la *2nd British Army...*
# ... la poursuite continue !

Au soir du 31 août, les avant-gardes de la *2nd British Army* se déploient comme suit. Le *XXX Corps* est à Amiens, avec la *11th Armoured Division* qui nettoie la ville, et les pointes de la *Guards Armoured Division* qui sont juste à l'est. En tête du *XII Corps*, la *7th Armoured Division* est un peu en arrière, vers Poix.

Dans l'après-midi, Montgomery a rencontré Dempsey et Crerar et leur a donné de nouvelles instructions : la *2nd British Army* doit poursuivre sans tarder vers Arras et Saint-Pol, laissant à la *1st Canadian Army* le soin de s'occuper d'Abbeville et de la Somme. Avec la *Guards Armoured Division* maintenant à niveau sur sa droite, le *XXX Corps* ajuste en conséquence la course de la *11th Armoured Division* : Arras est affectée à la *Guards Armoured Division* et la *11th Armoured Division* va avancer vers Aubigny-en-Artois, quinze kilomètres au nord-ouest.

## Le *XXX Corps*, 1er et 2 septembre

Sur la droite, la *Guards Armoured Division* va avancer sur Arras via Albert et Bapaume, mais aussi via Hédauville et Bucquoy. A **Albert**, les pointes du *2nd Grenadier Guards* se heurtent à forte partie et plusieurs des chars de tête sont détruits. Les *Guards* contournent la ville sans tarder, la laissant aux bons soins de la *50th (Northumbrian) Division* qui avance en deuxième vague. C'est le *Kampfgruppe Schulze* de la *10. SS-Panzer-Division* qui tient Albert : ce groupe de combat

était déployé sur la Somme, près de Bray, mais à la suite de l'irruption des blindés britanniques à Amiens le 31 août, le *I. SS-Panzer-Korps* l'a envoyé à Albert. Sa mission : barrer la route de Cambrai. Le *Kampfgruppe* s'est établi à Albert dans l'après-midi et s'est renforcé en « recrutant » des groupes de soldats qui retraitaient d'Amiens. Encerclé dans la ville, le *Kampfgruppe Schulze* tient toute la journée du 1er septembre et se retire sur ordre à 22 h 00 : les voies de repli sont toutes coupées, les blindés britanniques sont déjà à Arras et seuls quelques survivants, une cinquantaine d'hommes, réussissent à rejoindre les lignes amies au matin du 2 septembre. Le chef du *Kampfgruppe*, le *SS-Sturmbannführer* Wilhelm Schulze, le commandant du *SS-Panzergrenadier-Regiment 21*, est porté disparu (il se serait suicidé pour ne pas tomber aux mains des F.F.I.).

Dans l'après-midi, après une avance que n'a ralentie aucune opposition sérieuse, les *Guards* entrent à **Arras**. Avec une particulière émotion pour le *1st Welsh Guards* qui a été la dernière unité britannique à quitter la ville dans la nuit du 23 au 24 mai 1940...

Sur la gauche, la *11th Armoured Division* a choisi d'avancer sur trois axes : Amiens - Acheux sur la droite, Amiens - Pas-en-Artois au centre et Amiens - Doullens sur la gauche. En pointe de la *11th Armoured Division* se trouve l'*Inns of Court*. Ce régiment est l'une des unités de reconnaissance organiques du *XXX Corps*, l'autre étant le *2nd Household Cavalry* détaché auprès de la *Guards Armoured Division*. Parti en tête au matin, l'*Inns of*

Sur la droite du *XXX Corps*, la *Guards Armoured Division* avance sur un axe général Albert, Bapaume, Arras. Ces *Sherman* du *2nd Battalion Grenadier Guards* (marque « 51 » sur fond rouge) ont été photographiés entre Villers-Bretonneux et Fouilloy. Ils passent devant le mémorial australien de la Grande Guerre. La Somme est à un kilomètre. (IWM.)

Court surprend et balaie des éléments allemands désorganisés à Acheux et Arquèves. Le *23rd Hussars* passe alors en tête sur la route du centre, le *2nd Fife and Forfar Yeomanry* en fait de même sur la route de gauche, et vers 11 h 00 les pointes gagnent les hauteurs de Halloy et Mondicourt, juste à l'est de Doullens. Là, les chars surplombent la route Doullens - Arras et leurs tirs détruisent les nombreux véhicules allemands surpris sur cette route. Sur le flanc gauche, un escadron du *15th/19th The King's Royal Hussars* s'avance vers Doullens mais il est rapidement rappelé car il apparaît que la *8th Armoured Brigade* va s'en occuper.

L'avance se poursuit et vers 15 h 00, les avant-gardes de la *29th Armoured Brigade* atteignent **Aubigny**. La *159th Infantry Brigade* qui suit occupe alors le terrain au sud et au sud-est et l'*Inns of Court* envoie des patrouilles vers Liévin, à l'est, patrouilles qui signalent que la ville est vide, et d'autres vers Houdain, à l'ouest, qui signalent de faibles éléments de résistance.

Un témoignage paru en 1960 dans un ouvrage publié par l'association « Fife and Forfar Yeomanry » donne une vivante impression de cette journée du 1er septembre en tête du *XXX Corps* :

« *Prenant le risque de tomber à court d'essence, la division repart dès l'aube sur l'axe Talmas, Beauquesne, Halloy, Savy et Estrée. A Villers-Bocage (sur la N-25 entre Amiens et Doullens), l'ennemi résiste pour un temps et détruit un des chars du* Squadron C. *Tandis que l'avance se poursuit, le lieutenant-colonel Scott demande au* Squadron B *de s'en charger. L'escadron reste en arrière le temps de détruire deux canons de 88 mm et rejoint alors le régiment. C'est le seul incident marquant de la journée. De nombreux prisonniers allemands ont été faits, qui se sont rendus rapidement après que quelques coups de feu aient été tirés.* »

« *L'essence vient à manquer et, un par un, les chars du* Squadron C *tombent en panne sèche. Pour compliquer encore les choses, nous arrivons en bout de carte. Pour les derniers kilomètres, le commandant du régiment conduit la colonne en commentant par radio la seule carte du secteur disponible. Quand nous atteignons enfin notre objectif, l'escadron est réduit à trois chars et il ne faut pas beaucoup de place pour le bivouac. C'est alors que deux* Spitfires *agressifs viennent troubler notre belle quiétude et dans la meilleure tradition de la RAF, ils attaquent sans tarder. On allume des marqueurs de fumée jaune pour afficher que nous sommes amis mais ça ne change rien. Les* Spitfires *continuent à nous tirer dessus, ce qui est bien ennuyeux. Un camion d'essence qui arrive pour nous ravitailler est touché et s'enflamme en un magnifique feu de joie.* »

Craignant qu'une avance trop rapide n'indique au G.Q.G. allemand l'objectif des opérations en cours, Bruxelles et Anvers, et souhaitant ne pas le faire avant que l'opération aéroportée prévue dans le secteur de Courtrai - Ypres - Lille soit lancée, le *21st Army Group* demande au soir du 1er septembre à ce que les pointes du *XXX Corps* ne dépassent pas la route Douai - Carvin le lendemain. Ainsi, le *XXX Corps* qui avait déjà ordonné à la *11th Armoured Division* de poursuivre directement sur Carvin annule ces ordres et passe la consigne de ne pas aller trop vite. Le *21st Army Group* ne sait pas encore que Bradley vient d'ordonner à la *1st US Army* de gagner Tournai dans la nuit !

Ralentie seulement par l'enthousiasme des habitants des villes et villages libérés, la *11th Armoured Division* avance sans précipitation ce **2 sep-**

Ci-contre : Le *Major-General* Pip Roberts, commandant la *11th Armoured Division*. (Coll. D. Stileman/ Heimdal.)

Ci-dessous : Insignes des trois unités blindées de la *29th Armoured Brigade*. (Coll. Musée Mémorial de Bayeux.)

**tembre** sur l'axe Mont-Saint-Eloi, Vimy, Acheville, Courrières et Oignies, le secteur britannique des combats de la Première Guerre mondiale. Dans la matinée, *la Company D* du *4th Battalion The King's Shropshire Light Infantry* (que nous désignerons désormais, comme il est coutume de le faire, *4th King's Shropshire Light Infantry* ou *4th K.S.L.I.*) occupe la **crête de Vimy** pour laquelle les Canadiens se sont battus en 1917. Le sergent Smith a à peine le temps de s'assurer que le monument n'est pas piégé qu'une jeep arrive à toute vitesse. Les deux hommes qui en descendent se présentent. Ils sont correspondants de guerre canadiens. « *Vous savez que cela va être une grande nouvelle au Canada ! Dites-nous comment vous êtes arrivés jusque là !* ».

Ils envoient sans tarder leur article à Montréal et la presse canadienne s'en fait largement écho. La presse britannique reprend l'information et bientôt tout le monde sait qu'une compagnie du *4th King's Shropshire Light Infantry* a pris la crête de Vimy. C'est assez surprenant car le *War Office* se refuse systématiquement à donner le nom de l'unité qui a pris telle ou telle ville.

Au **soir du 2 septembre**, les chars de la *29th Armoured Brigade* sont déployés au nord-est de Lens. Sur la droite, la *Guards Armoured Division* est à Douai, sur la gauche les pointes de la *7th Armoured Division* sont à Cauchy. Vers minuit, la *2nd British Army* informe les *XXX Corps* et *XII Corps* de l'annulation de l'opération aéroportée prévue dans le secteur de Tournai. Les divisions blindées doivent reprendre leur course, à toute vitesse, la *11th Armoured Division* vers Anvers et la *Guards Armoured Division* vers Bruxelles.

## *XII Corps*, 1er et 2 septembre

Au matin du **1er septembre**, à l'avant-garde de la *4th Armoured Brigade*, le *1st Royal Dragoons* franchit la Somme près d'Hangest, avec un escadron du *Royal Scots Greys* et une compagnie du *2nd King's Royal Rifle Corps*. Le pont s'effondre bientôt mais la *7th Armoured Division* obtient du *XXX Corps* la permission de passer dans son secteur pour utiliser le pont de Dreuil, juste à

15th/19th King's Royal Hussars.

2nd Fife and Forfar Yeomanry.

23rd Hussars.

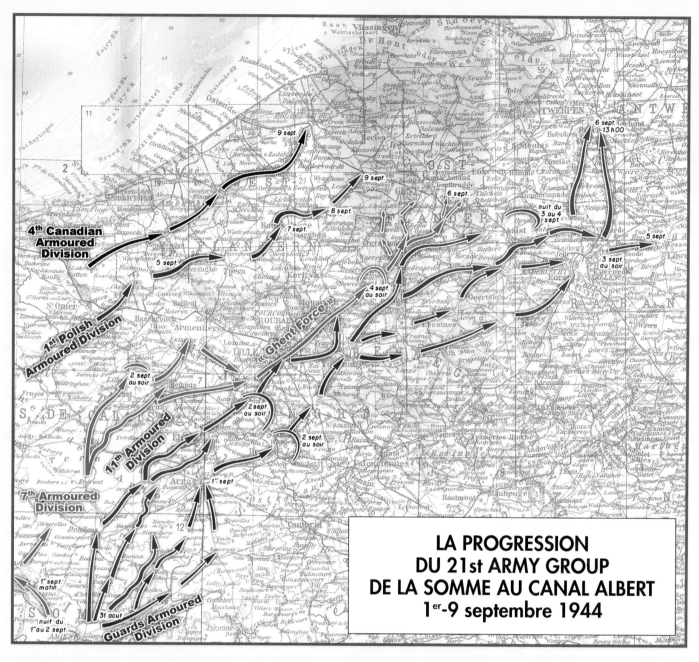

Map labels:
- 9 sept.
- 9 sept.
- 8 sept.
- 7 sept.
- 6 sept.
- 6 sept. 13h00
- nuit du 3 ou 4 sept.
- 5 sept.
- 3 sept. au soir
- 4 sept. au soir
- **4th Canadian Armoured Division**
- 5 sept.
- **1st Polish Armoured Division**
- « Ghent Force »
- 2 sept. au soir
- 2 sept. au soir
- 2 sept. au soir
- 2 sept. au soir
- **11th Armoured Division**
- 1er sept.
- **7th Armoured Division**
- 12
- 1er sept. matin
- nuit du 1er au 2 sept.
- 31 août
- **Guards Armoured Division**

**LA PROGRESSION
DU 21st ARMY GROUP
DE LA SOMME AU CANAL ALBERT
1er-9 septembre 1944**

« Blenheim », le *Cromwell* du *Major* J.O. Spencer appartenant au *2nd Squadron* du *2nd Battalion Welsh Guards*. Il s'agit de l'unité de reconnaissance blindée de la *Guards Armoured Division*, ce que signale le code tactique « 45 » sur fond vert et bleu, peint à côté de la classification du tonnage du véhicule pour le franchissement des ponts. A gauche de l'insigne divisionnaire figure le carré blanc comportant un « A » signalant le commandant du second *squadron*. (Peinture E. Groult/ Heimdal.)

l'ouest d'Amiens. Le *44th Royal Tanks* traverse sans tarder et avance jusqu'à Vignacourt.

Sur la gauche, la *22nd Armoured Brigade* mène des reconnaissances vers Abbeville mais elles se heurtent à Araines à des éléments ennemis suffisamment décidés pour convaincre le *Major-General* G.L. Verney de l'inutilité de tenter d'établir une tête de pont à Abbeville. Cela prendrait trop de temps. Au soir, il décide de pousser la *131st Infantry Brigade* sur le pont de Dreuil, avec le *5th Royal Inskilling Dragoon Guards* en soutien blindé. Quant à la *22nd Armoured Brigade*, elle va se rassembler à l'ouest de Molliens-Vidame et attendre la construction d'un pont à Picquigny.

Toute la nuit, les convois de la *131st Infantry Brigade* et des pelotons de chars traversent la Somme. La manœuvre est difficile car il fait nuit noire, souvent il pleut à verse, et les routes sont défoncées par l'intensité du charroi. Nécessité faisant loi, le pont de Dreuil est considéré comme un pont lourd de classe 30, mais il est bien plus fragile et se désagrège progressivement sous le poids du trafic. Par ailleurs, il est peu commode d'accès car desservi par une route étroite et sinueuse. Les convois passent néanmoins toute la nuit et au matin, après que les derniers chars accompagnant le P.C. de la division l'ont franchi, le pont est fermé au trafic.

Dans le même temps, à Picquigny, le génie de la *7th Armoured Division* s'est attelé à la construction d'un pont Bailey de classe 40 avec la *280th Field Company*. Le pont est ouvert au trafic à 22 h 30 au soir du 1er septembre, et dans la demi-heure qui suit, la *22nd Armoured Brigade* commence à passer la Somme pour se rassembler au nord-ouest d'Amiens.

Au **matin du 2 septembre**, la *131st Infantry Brigade* avance vers le nord-est, toujours avec *le 5th Royal Inskilling Dragoon Guards* en soutien. Un premier obstacle à Domart : là, des obus de mortier et des rafales de mitrailleuse prennent l'escadron de tête à partie. Assistés d'une compagnie du *1/6th Battalion The Queen's Royal Regiment* (que nous désignerons désormais de l'appellation usuelle de *1/6th Queens*), les chars du *5th Royal Inskilling Dragoon Guards* se déploient et dispersent les défenseurs allemands.

Nouveau point de résistance à Berneuil et cette fois des éléments de la *4th Armoured Brigade* interviennent avec les avant-gardes de la *7th Armoured Division*. Un site de lancement de V1 est occupé et 400 prisonniers sont faits.

Un peu plus loin, à **Bernaville**, les véhicules de tête sont pris à partie par une batterie de 105 mm mais il suffit de quelques tirs des chars pour convaincre les servants des cinq canons de se rendre. L'avance se poursuit, deux ou trois autres points de résistance sont bousculés, et les avant-gardes franchissent l'Authie quelques kilomètres au nord-est de Doullens.

Après une vive escarmouche à **Frévent**, le *8th King's Royal Irish Hussars* et le *1/5th Queens* atteignent **Saint-Pol-sur-Terroise**. Là, vers 15 h 00, ils sont arrêtés par un solide groupement tactique allemand déployé autour de trois canons. La *22nd Armoured Brigade* a alors rejoint la tête et pour ne pas perdre de temps, il est décidé de contourner la ville : dans un premier temps, le *1st Battalion Royal Tank Regiment (1st Royal Tanks)* et le *1st Battalion The Rifle Brigade (1st Rifle Brigade)* vont avancer vers Lillers. Ensuite, le *5th Royal Inskilling Dragoon Guards*, le *5th Royal Tanks* et le *1/7th Queens* vont avancer vers Bruay et Béthune. Pendant ce temps, la *131st Infantry Brigade* va maintenir la pression à Saint-Pol-sur-Terroise.

La manœuvre de contournement de la ville par l'ouest s'engage vers 17 h 00. Après quelques escarmouches, dont une au moins nécessite l'engagement d'une batterie du *5th Royal Horse Artillery*, la route Hesdin - Saint-Pol est franchie vers 20 h 00 et les chars partent de l'avant. Quand la nuit tombe, les éléments de reconnaissance sont près de Cauchy-la-Tour et les chars de tête sont un peu en arrière, vers Tangry.

A l'arrière, les premiers éléments de la *71st Infantry Brigade* (de la *53rd Welsh Division*) sont arrivés au soir et la *131st Infantry Brigade* ainsi libérée s'est rassemblée dans le secteur de Frévent, prête à repartir le lendemain derrière les avant-gardes blindées.

Le *Lieutenant-General* N.M. Ritchie. Agé de 47 ans, il commande le *XII Corps* après avoir mené la *8th Army* en Libye en 1941. (Coll. Heimdal.)

3 septembre 1944. Lors de la progression vers Bruxelles, un blindé britannique contourne un barrage allemand détruit à Enghien. Un civil belge s'est approché. (IWM.)

## La *Guards Armoured Division* libère Bruxelles

Au soir du 2 septembre, le général A.H.S. Adair réunit ses officiers à son P.C. au camp d'aviation de Vitry, près de Douai. L'ordre qu'il donne est une surprise pour tout le monde : il faut être à Bruxelles dès le lendemain, soit avancer de cent kilomètres en une journée, plus vite encore que ces derniers jours.

Au **matin du 3 septembre**, l'opération « Sabot » démarre. Sur la route de gauche, Tournai - Frasnes - Lessines - Herne, avance la *5th Guards Armoured Brigade* avec le *Grenadier Group* (*1st Grenadier Guards et 2nd Grenadier Guards*) en tête. Sur la route de droite, Tournai - Leuze – Ath – Enghien - Halle, avance la *32nd Guards Brigade*, avec le *1st Welsh Guards* en tête.

L'avance est rapide, comme s'il s'agissait d'un exercice, et les rares et faibles éléments allemands qui se mettent en travers du chemin sont balayés sans perte de temps. Ainsi, sur la route de gauche, le *Grenadier Group* atteint Lessines et là, des civils belges leur racontent que des résistants se battent en ville contre un fort parti d'Allemands. Les *Grenadier Guards* envoient un détachement pour prêter main forte aux résistants mais les Allemands sont peu nombreux et ils se rendent sans tarder.

Sur la route de droite, les *Welsh Guards* ont rapidement bousculé les éléments d'arrière-garde rencontrés à Leuze mais, à Enghien, ils se heurtent à une résistance plus sérieuse. Bien décidé à être le premier à Bruxelles, le lieutenant-colonel Windsor Levis lance alors les *Cromwell* du *2nd Welsh Guards* à toute vitesse vers Bruxelles. Une dernière escarmouche à Halle, encore deux heures perdues, mais la route de la capitale est grande ouverte.

Lorsque les *Welsh Guards* entrent à **Bruxelles** vers **20 h 00**, une foule immense est dans la rue pour accueillir les libérateurs et leur enthousiasme tourne à la folie. Les *Welsh Guards* occupent bientôt les points stratégiques au centre de la ville. Les *Grenadier Guards* ont dû s'arrêter un temps dans l'attente de carburant et ils arrivent un peu plus tard pour se déployer dans la partie nord de la ville. Les derniers points de résistance sont nettoyés au matin du 4, avec l'aide des résistants, et dans l'après-midi, le général Adair fait une entrée triomphale à Bruxelles. Sur la Grand-Place, il remet la ville au bourgmestre, M. Van de Meulebroeck.

Le **5 septembre**, la *32nd Guards Brigade* prend **Louvain** après un bref combat et le lendemain matin, ses pointes franchissent le canal Albert près de Beringen. Dans la nuit du 7 au 8, des chars passent dans la tête de pont et attaquent vers le nord-est...

**1.** L'opération « Sabot » démarre au matin du 3 septembre. En tête de la *32nd Guards Brigade* sur la route de droite, les *Welsh Guards* bousculent des éléments d'arrière-garde rencontrés à Leuze. Peter Taghon a identifié ces deux jeunes femmes qui montrent la route de Bruxelles au caporal H. Dagville. Il s'agit de Simone Damien et Yvonne Dupire. Noter qu'elles portent des ceintures, jupes et calots aux couleurs nationales belges. (IWM.)

3

**2** et **3.** Dans l'après-midi du 4 septembre, vers 14 h 00, le commandant de la *Guards Armoured Division*, le général Alan Adair, fait une entrée triomphale à Bruxelles. On le voit ici dans la tourelle de son *Cromwell* (à droite sur la photo ci-contre, saluant) sur le boulevard de Waterloo.

**4.** Le 7 septembre, le colonel J.B. Piron présente le maréchal Montgomery au bourgmestre de Bruxelles, M. Van de Meulebroeck.
(IWM.)

4

## La *Guards Armoured Division* à Arras

**1.** Dans l'après-midi du 1er septembre, les *Welsh Guards* entrent à Arras : une colonne s'est arrêtée au Pont de Cité... (Coll. Dumeuil et Gruy via A. Coilliot.)

**2.** Cette photo d'un groupe de soldats du *5th Coldstream Guards* a été prise le 1er septembre par le sergent Laing. (IWM.)

**3.** Le drapeau français flotte de nouveau au fronton de l'Hôtel de ville d'Arras. (Coll. R. Dumeuil via A. Coilliot.)

**4, 5** et **6.** Avec l'aide des F.F.I., les nombreux prisonniers allemands sont rassemblés puis embarqués sur des camions. Un camion chargé de F.F.I. suit... (Coll. A. Coilliot/IWM.)

1

3

2

## La *Guards Armoured Division* avance vers Bruxelles

**1** et **2.** L'opération « Sabot» démarre au matin du 3 septembre. En tête de la *32nd Guards Brigade*, les *Welsh Guards* avancent sur l'axe Tournai – Leuze – Ath – Enghien – Halle. A Enghien (Edingen), la foule acclame l'équipage d'un *Cromwell*. Là, les *Guards* se sont heurtés à une résistance sérieuse : à la sortie est de la ville, des prisonniers sont fouillés. Sur le béret de l'homme qui regarde le photographe, on peut voir le poireau, emblème des *Welsh Guards*.

(IWM.)

4

**3** et **4.** Les *Cromwell* des *Welsh Guards* foncent vers Bruxelles. Surpris par la rapidité de l'avance des chars britanniques, de nombreux véhicules allemands ont été détruits. Ici au passage à niveau juste à l'est d'Enghien. (IWM.)

**5** et **6.** A Halle, une nouvelle escarmouche fait encore perdre deux heures. Les défenseurs de Hondzocht, juste avant Halle, viennent de se rendre et les *Welsh Guards* rassemblent leurs prisonniers rue Belligen. Les *Cromwell* et les *Stuart* reprennent alors leur avance, Bruxelles n'est plus qu'à quinze kilomètres. (IWM.)

5

6

1

## La « Brigade Piron »

Une unité belge, la *1st Belgian Infantry Brigade*, combat aux côtés des troupes alliées. Egalement appelée « Brigade Piron » du nom de son commandant, le colonel Jean-Baptiste Piron, elle est constituée de volontaires venant de tous les horizons. Sous-chef d'état-major au V$^e$ Corps d'Armée en 1940, le major Piron n'a pas accepté la capitulation du 28 mai et il a gagné la Grande-Bretagne au début de 1941. Il a alors été l'un des principaux artisans de la création d'un groupement de combat belge. Entraîné et organisé sur le modèle des unités britanniques, ce groupe de combat est d'abord intitulé *1st Belgian Independant Group* puis, au début de 1944, *1st Belgian Infantry Brigade*.

2

3

1. La brigade débarque à partir du 7 août à Arromanches et Courseulles et est affectée au *I British Corps*. Elle avance sur la côte à partir du 17 août, franchit la Dives le 21, libère Deauville le lendemain, puis franchit la Seine le 30 et le 31. Le *1st Belgian Armoured Squadron*, l'escadron de véhicules de reconnaissance blindés de la brigade, est doté de 18 *Daimler* Mk I. On voit ici le major Maurice Poncelet devisant avec le lieutenant Marc Verhaeghe de Naeyer. (DR.)

2 et 3. Le *21st Army Group* a décidé d'adjoindre la *1st Belgian Infantry Brigade* aux avant-gardes de la *2nd British Army* qui s'apprêtent à entrer en Belgique et la brigade (elle est alors près du Havre) rejoint rapidement le *XXX Corps* à Lyons-la-Forêt. Les Belges suivent la *Guards Armoured Division* dans sa longue course vers le nord-est et la frontière belge est franchie à Rongy, le 3 septembre, à 16 h 36 : rue du Temple, le sergent Carpenter a photographié ce camion *Fordson*... Les Belges réservent un accueil enthousiaste à leurs compatriotes. (IWM.)

4. La *1st Belgian Infantry Brigade* comprend trois unités d'infanterie motorisée (*1st*, *2nd* et *3rd Motor Units*), un escadron de véhicules de reconnaissance blindés (*1st Belgian Armoured Squadron*), une compagnie du génie (*1st Belgian Field Engineers Company*), une batterie d'artillerie (*1st Belgian Field Battery*) et des éléments du train et des services de santé. Rongy : juchés sur leur pièce, ces servants d'un canon de 25 livres de *la 1st Belgian Field Battery* posent pour le sergent Carpenter. (IWM.)

5. L'un des volontaires belges photographié lors de la progression vers Bruxelles. Noter l'insigne de la brigade, une tête de lion jaune sur fond noir dans un triangle rouge, et le titre de nationalité « Belgium ». (IWM.)

4

5

1

## La libération de Bruxelles

**1, 2** et **3.** Lorsque les pointes des *Welsh Guards* entrent à Bruxelles au soir du 3 septembre, la ville est en liesse et une foule enthousiaste accueille ses libérateurs. Des *Cromwell*, des camions... « *Les mains se tendent, les bras s'agitent, tous les cœurs battent à l'unisson... l'enthousiasme populaire déborde... une pluie de fleurs...* » rapporte l'hebdomadaire » « Le Patriote Illustré » dans son numéro consacré à l'événement. (DR.)

**4.** Un casque allemand a été accroché à l'arrière de ce *Cromwell*, sans doute un souvenir qu'un soldat veut garder. (IWM.)

2

4

3

## La libération de Bruxelles (suite)

**1** et **2.** Parmi les troupes acclamées, des correspondants de guerre chargés de couvrir l'événement. (DR.)

**3** et **4.** Comme submergés par la foule, on aperçoit un *Sherman* puis un *Challenger* (un chasseur de chars armé d'un canon de 76,2 mm sur un châssis de *Cromwell*)... (IWM.).

5

6

**5** et **6.** La foule en délire ne l'a pas encore remarqué, mais avec les avant-gardes de la *Guards Armoured Division* se trouvent deux pelotons belges de la « Brigade Piron ». Roger Dewandre, alors lieutenant au *1st Belgian Armoured Squadron*, racontera plus tard comment, las d'être salué par le cri de « Vive les Anglais ! » mille fois répété, il finira par crier lui-même à la foule : « *Les Anglais, on s'en fout ! Nous sommes Belges !* ».
(IWM.)

117

## La libération de Bruxelles (suite)

Le 3 septembre au matin, avant de quitter Bruxelles, les Allemands ont incendié le Palais de Justice. Vers 11 h 00, des fumées s'échappent du dôme et, toute la journée, les pompiers s'efforcent de maîtriser le sinistre mais des explosions (des charges explosives laissées par les Allemands ?) propagent l'incendie. Les flammes atteignent la salle de la cour d'assise, la salle du conseil, le cabinet du procureur du roi... (DR.)

Ci-dessus : Avec l'aide des résistants, les derniers points tenus par les Allemands sont pris au matin du 4 septembre. Les résistants manquent d'armes et ces opérations leur permettent d'étoffer leur dotation : trois soldats de l'Armée Blanche à Bruxelles, à droite, une femme. (Coll. B. Jasniak.)

Ci-contre à droite et ci-dessous : Les engins abandonnés en ville par les Allemands constituent autant de sujets d'attraction : ici une pièce de *Flak* sur un tracteur semichenillé et un Pz.Kpfw. IV... Selon la légende d'époque de cette dernière photo, les Allemands ont été contraints d'abandonner le char en panne d'essence et l'ont fait sauter rue de la Loi. D'autres racontent que ce Pz.Kpfw. IV a été détruit par un *Cromwell* du *2nd Armoured Reconnaissance Battalion Welsh Guards*... (DR.)

## L'entrée de la « Brigade Piron » à Bruxelles

**1 et 2.** Le 4 septembre, à 15 h 00, les troupes belges de la « Brigade Piron » font leur entrée à Bruxelles. La ville est en liesse et l'enthousiasme des habitants est à son comble : les véhicules sont pris d'assaut au point qu'il faut trois heures à la *1st Belgian Infantry Brigade* pour atteindre les points de ralliements prescrits. (IWM.)

**3 et 4.** Boulevard du Midi, un transport de troupes Bedford QLT puis une *Morris* 10hp, suivie de camions *Fordson*... A certains endroits, il y a plus de monde sur la rue que sur les bas-côtés et les véhicules roulent sur les trottoirs. Les chauffeurs font des prodiges pour n'écraser personne. (IWM.)

**5 et 6.** Un *Daimler* Mk I du *1st Belgian Armoured Squadron*, et un véhicule radio *Bedford* QLR. Sur le garde-boue avant gauche de ces deux véhicules, noter l'insigne de la brigade, une tête de lion jaune sur fond noir, dans un triangle rouge. (ASBL Tank Museum.)

121

1

**La progression de la *Guards Armoured Division* au-delà de Bruxelles.**

**1** et **2.** Après la libération de Bruxelles, l'avance s'est poursuivie et, le 5 septembre, les *Guards* sont à Diest. Un chasseur de chars M-10 du *21st Anti-Tank Regiment R.A.*, le régiment antichar de la *Guards Armoured Division*, a été photographié dans la rue du Prince Albert. Auparavant, la *32nd Guards Brigade* avait pris Louvain après un bref combat : un *Sherman Firefly* s'est arrêté dans la rue de Bruxelles pour prendre une rue latérale en enfilade. (Coll. P. Taghon)

**3** et **4.** Le 6 septembre vers midi, les *Guards* établissent une tête de pont sur le canal Albert à Beringen. Dans la nuit du 7 au 8, des chars passent dans la tête de pont et attaquent vers le nord-est... Cette photo d'un *Sherman* du *1st Welsh Guards* a été prise le 7 septembre. Un peu plus tard, des prisonniers sont ramenés sur la rive ouest du canal. Aujourd'hui, à Beringen, un monument rappelle les combats du 6 septembre 1944. (IWM.)

3

## La *11th Armoured Division* se saisit d'Anvers

Au **matin du 3 septembre**, la *11th Armoured Division* fonce vers Anvers, un objectif encore distant de 150 kilomètres. Le *23rd Hussars* est sur la droite, le *3rd Royal Tanks* sur la gauche. Ce dernier rencontre une sérieuse résistance à **Seclin**, au sud de Lille, où des fantassins soutenus par des canons antichars et des *StuGe* tiennent toute la matinée. Nouveau témoignage rapporté par l'historique du *2nd Fife and Forfar Yeomanry* qui devait initialement rester en réserve derrière le *3rd Royal Tanks* ; du fait des difficultés rencontrées, il a fallu l'engager.

« *A Seclin, la résistance allemande se fait plus forte. Au moins huit canons de 88 mm sont repérés, avec de l'infanterie en nombre inconnu, et un échange de tirs se développe, sans résultats. Alors, tandis que le* 3rd Royal Tanks *presse sur la gauche vers Seclin, le* 2nd Fife and Forfar Yeomanry *est engagé sur la droite. Ce mouvement de casse-noix atteint bien vite son objectif et le* Squadron A (2nd Fife and Forfar Yeomanry) *et la* Company F (8th Rifle Brigade) *nettoient la ville tandis que le reste du régiment continue sa route. A Seclin, le capitaine Basil Fruin ajuste le tir de son char depuis le sommet du clocher de l'église, après avoir déroulé un long fil de téléphone pour rester en relation avec son pointeur. C'est un exercice de canonnage assez nouveau pour un commandant de char et le bilan doit être considéré comme efficace, sans plus.* »

Les défenseurs allemands se retirent de Seclin vers midi et le *3rd Royal Tanks* poursuit son avance vers le nord-est, vers Audenarde. Dans l'attente de l'arrivée de la *50th (Northumbrian) Division*, le *2nd Fife and Forfar Yeomanry* est chargé de tenir Seclin tandis que le *15th/19th The King's Royal Hussars* se déploie un peu au nord pour contrôler la route venant de Lille.

Sur la droite, le *23rd Hussars* a également rencontré des difficultés après avoir passé **Fretin** : un groupement tactique allemand, avec un char *Tiger*, attaque sur ses arrières et détruit plusieurs véhicules. Les chars chargés de la protection du P.C. avancé de la division s'occupent de ces importuns mais la situation n'est pas vraiment rétablie avant 14 h 00. Les pointes du *23rd Hussars* sont alors à **Tournai**, en Belgique. L'avance se poursuit toute l'après-midi, une poche de résistance est éliminée à **Ninove**, 17 kilomètres à l'ouest de Bruxelles. Vers **21 h 00**, les pointes du *23rd Hussars* coupent la route Gand - Bruxelles à **Asse**. Une heure plus tard, elles sont à Wolvertem, 15 kilomètres au nord de Bruxelles, et coupent la route Bruxelles - Anvers. Dans le même temps, sur la gauche, le *3rd Royal Tanks* a progressé d'Audenarde jusqu'à Zottegem.

Le *4th King's Shropshire Light Infantry* qui suit les pointes blindées est passé à Cysoing, là-même où le *1st Battalion* du même régiment avait établi ses quartiers entre octobre 1939 et mai 1940, et est entré en Belgique. Comme en témoigne un récit rapporté par le *Major* Ned Thornburn dans un ouvrage publié en 1987 par l'association « 4th Battalion The King's Shropshire Light Infantry », les Belges débordent d'enthousiasme : « *Ils sont libérés des Allemands haïs plus tôt qu'ils ne l'avaient jamais espéré et cela déclenche les plus folles manifestations. Dans chaque ville, dans chaque village, la foule est dans la rue, criant, agitant des drapeaux, chantant et dansant, offrant du vin et jettant des fleurs sur les véhicules qui passent. C'est un peu comme le retour d'une équipe qui a gagné la coupe* d'Angleterre ! *Mais il y a d'autres signes de la libération : la tonte des cheveux des femmes qui ont été trop proches des Allemands et l'incendie des maisons des collaborateurs.* »

Dans la **nuit du 3 au 4 septembre**, les pointes de la *11th Armoured Division* se rassemblent à l'est d'Alost. Un peu en arrière, dans le secteur de Zottegem, arrivent le *15th/19th The King's Royal Hussars* et les premiers éléments de la *159th Infantry Brigade*. Sur le flanc gauche, le *5th Royal Inskilling Dragoon Guards* maintient des patrouilles à Audenarde et en envoie d'autres vers Gand et Dendermonde pour s'assurer que les Allemands ne vont pas avancer vers le sud et menacer les arrières.

Pour la poussée finale sur Anvers, la *29th Armoured Brigade* a retenu deux axes d'avance : à gauche la route directe via Wolvertem et Boom, route sur laquelle vont progresser le *3rd Royal Tanks* et le *2nd Fife and Forfar Yeomanry*, à droite une route via Vilvoorde et Malines (Mechelen), axe d'avance du *23rd Hussars*. Plusieurs voies d'eau doivent être franchies et personne ne sait si les ponts pourront être pris avant que les Allemands ne les aient détruits.

La nuit est courte et l'avance reprend aux premières heures du **4 septembre**. Le moral est au beau fixe. Sur la route de droite, le *23rd Hussars* franchit le canal à Vilvoorde et avance vers le nord. Les rivières Dijle et Nette sont franchies sans plus de difficultés et en début d'après-midi, les pointes atteignent les faubourgs d'Anvers. Là, les Allemands ont établi un solide barrage et des canons de 88 mm arrêtent le *23rd Hussars* jusqu'au soir.

Sur la route de gauche, quand les chars du *3rd Royal Tanks* atteignent **Boom** vers **8 h 00**, le pont sur le canal est intact. Le lieutenant C.B. Ratcliffe, du génie, s'avance alors pour l'inspecter : il y a des mines et des obstacles et il commence à les enlever. Les Allemands font alors sauter le pont. Il est 8 h 30. Un lieutenant du génie belge, Robert Vekemans, se manifeste et propose aux Britanniques de les guider vers un autre pont sur le canal. Le *Major* John Dunlop, le chef du *squadron* de tête, décide de tenter l'expérience et un groupe s'avance via Willebroek jusqu'au pont d'Enschodt (les Allemands diront qu'ils n'ont pu faire sauter ce pont du fait du non-fonctionnement des détonateurs). Le pont est franchi et le groupe remonte alors le long du canal, vers le nord, et traverse la rivière Rupel.

Se tournant alors vers le centre ville de Boom, les *Sherman* de tête surprennent des Allemands qui s'apprêtent à faire sauter le pont sur la rivière Rupel. Ils s'enfuient et les charges sont désamorcées. Le pont est intact. (Cf. carte page 158.)

Le *3rd Royal Tanks* continue vers Anvers, le *Squadron B* sur la route directe, le *Squadron A* sur la gauche vers Schelle et Hoboken. De nouveau un pont arrête leur avance : il est miné, barré d'obstacles antichars et couvert par le tir de mitrailleuses. Sous le couvert d'un écran de fumée, une compagnie du *8th Rifle Brigade* attaque alors, pour découvrir que les défenseurs du pont se sont évaporés. Les mines et les obstacles sont enlevés, un escadron du *3rd Royal Tanks* fonce vers **Anvers** et vers **14 h 00**, les premiers chars atteignent le port.

La confusion est totale côté allemand et bien qu'il n'ait pas reçu d'ordre en la matière, le commandant du port, le *Fregattenkäpitan* Joachim Szyskowitz, fait commencer la destruction des installations portuaires. Au moyen d'explosifs, ses hommes essaient de détruire les portes de l'écluse de Kruisschans, un des principaux accès au port, mais ils ne réussissent qu'à l'endommager. Ils placent éga-

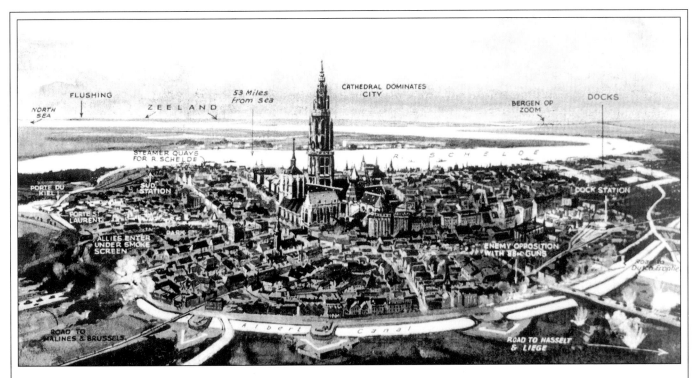

Au cours du conflit, la presse des différents belligérants s'est toujours efforcée de présenter de manière claire et explicite les opérations en cours au public afin de les rendre intelligibles au plus grand nombre. A cette fin, les illustrations ont été souvent privilégiées, telle cette vue en perspective représentant la prise d'Anvers qui a été publiée dans le journal « The Sphere » du 22 septembre 1944. (Coll. B. Jasniak.)

lement des mines devant l'écluse et dans certains bassins. La résistance ne reste pas inactive et les hommes du « groupe Harry » (Eugène Colson) se déploient autour des ponts de la zone portuaire pour empêcher les Allemands de les détruire. Vers 16 h 00, le *Fregattenkäpitan* Szyskowitz est tué dans une escarmouche.

Dans la nuit, bien que les Britanniques se refusent à s'engager plus avant, les résistants prennent pratiquement le contrôle de la zone portuaire et parviennent jusqu'à l'écluse de Kruisschans. Au **matin du 5 septembre**, le *3rd Monmouthshire* progresse au travers des positions tenues par le *3rd Royal Tanks* et le *8th Rifle Brigade* pour se déployer dans le port. L'ordre lui est donné de se saisir des écluses, ce qui se fait avant la nuit, et les informations qui remontent alors des différentes unités confirment les premiers rapports : le port est intact !

La *11th Armoured Division* est fière, à juste titre, de cet exploit : « *C'est comme si le grand port nous attendait, offert. Les précieux bassins sont en notre possession et c'est une grande surprise de constater que rien n'a été détruit : il nous parait incroyable que les Allemands n'aient rien saboté. Pourquoi le port a-t-il aussi peu souffert ? Les résistants n'y sont pas pour grand chose et la garnison allemande n'a commis aucune destruction. Une seule explication convaincante : l'avance des blindés britanniques a pris les Allemands totalement par surprise.* »

Depuis la Normandie, près de 900 kilomètres, les chars de la *29th Armoured Brigade* n'ont cessé de progresser « sur leurs chenilles », sans le répit d'être chargés sur des transporteurs. Ainsi, arrivant à Anvers, beaucoup ont largement dépassé le kilométrage prévu avant une révision générale. Certains chars ont cassé en route, mais peu, et l'historique de la *11th Armoured Division* note comment les chars *Sherman* « *ont magnifiquement subi ce test de fiabilité pourtant sévère* ».

## Combats à Anvers

Les Allemands sont encore nombreux à Anvers, près de 5 000 selon la Résistance, et la *159th Infantry Brigade* reçoit l'ordre d'en venir à bout. La prise d'une ville de la taille d'Anvers n'est pas chose facile, d'autant plus que la *159th Infantry Brigade* ne dispose pas de plans détaillés : sur les cartes au 1/250 000, Anvers « est de la taille d'un timbre poste ! ». Autre difficulté, l'enthousiasme de la foule qui « *crie, agite des drapeaux, offre des fruits, demande de l'essence, vous invite à venir chez eux, donne des renseignements sur l'ennemi, vous demande de poster une lettre pour l'Amérique, demande des armes pour la Résistance... * ».

Ainsi, le lieutenant R.B. Mullock de la *Company B* du *4th King's Shropshire Light Infantry* a donné un vivant témoignage de la marche d'approche vers son objectif, un pont au sud-est de la ville :

« *Quand nous arrivons, personne dans la rue, personne jusqu'au moment où une tête apparaît à une porte ou une fenêtre et découvre que les Tommies sont là. C'est alors comme une éruption de gens et d'enfants qui nous offrent à boire, des fleurs et des baisers. Dans une telle pagaille, je réalise soudain que j'ai perdu le contrôle de la compagnie. Les Belges sont trop nombreux. Je demande à notre guide (un membre de la Résistance) de faire quelquechose pour m'aider à reprendre le contrôle. Il ne voit qu'une solution, tirer des coups de feu en l'air. Bien, et pour la première fois depuis le débarquement en Normandie, je sors mon pistolet et je tire. Belle surprise, mais les Belges ne se dispersent pas ! Ils crient de joie et applaudissent. Je me demande ce que je vais faire et je crie alors à mes hommes : allez les gars, chantons ! Et nous y allons : Pack up your troubles, Tipperary, et le reste du répertoire... Et nous marchons, pas en ordre réglementaire, mais dans le rythme et bras dessus bras dessous avec les Belges. C'est ainsi que nous arrivons à destination.* »

Autre témoignage, celui rapporté par l'historique du *2nd Fife and Forfar Yeomanry* dont une *Troop* de trois chars appuie la *Company C* du même *4th K.S.L.I.*

« *La population nous accueille avec un enthousiasme qui touche au délire et pour un temps, les combats et la fête se déroulent à deux rues de distance. Dans son journal de bord, le capitaine Brownlie a noté comment un soldat britannique et une jeune femme belge qui dansent dans la rue s'avancent trop loin, à découvert, et tous deux sont tués. Ailleurs, quand le capitaine Fruin et un autre char s'occupent d'un bâtiment SS autour duquel une escarmouche s'enflamme, de nombreux civils se rassemblent pour acclamer les chars qui tirent sur le bâtiment. Chaque fois qu'une douille d'obus vide est rejetée à l'extérieur du char, un civil passe sa main par la trappe ouverte et offre un verre de vin à l'équipage.* »

Vers 16 h 00, le *Brigadier-General* Jack B. Churcher, le commandant de la *159th Infantry Brigade*, donne au *4th King's Shropshire Light Infantry* la mission de se saisir du parc municipal au centre de la ville. C'est un espace triangulaire de 400 mètres de côté environ, avec des arbres et des buissons et les Allemands en ont fait un solide point de défense, avec des tranchées et trois casemates bétonnées.

Tandis que ses hommes progressent vers le parc, avec difficultés car il faut se frayer un chemin au milieu de la foule enthousiaste, le lieutenant-colonel Ivor Reeves engage la *Company C* du *Major* Andy Hardy en tête, avec une *Troop* de trois chars du *2nd Fife and Forfar Yeomanry* en soutien. Il envisage de demander un solide barrage d'artillerie et de mortiers sur le parc pour préparer son attaque mais il doit y renoncer car il apprend qu'avant d'utiliser de l'artillerie ou des mortiers sur Anvers, il faut d'abord obtenir l'accord du *XXX Corps*.

La *Company C* avance alors sur le côté droit du parc, le long du boulevard Quinten Matsijs. La foule se dilue dans les derniers cent mètres avant le parc et la première rafale tirée par les Allemands chasse les plus téméraires. Les éléments de pointe entrent dans le parc mais ils se trouvent bientôt bloqués par le tir des mitrailleuses allemandes. Le lieutenant-colonel Reeves décide alors d'engager la *Company A* sur le côté gauche du parc. Le commandant de la compagnie, le *Major* Tom Maddocks, ordonne à son peloton 8 de se déployer sur les boulevards Van Eyck et Rubens : il leur faut réduire au silence les snipers qui prennent le parc sous leurs feux depuis les immeubles alentours. Il conduit alors lui-même les pelotons 7 et 9 à l'assaut du parc. De cette attaque, le sergent Ted Jones, du *Platoon 7*, a rapporté le témoignage suivant :

« *Derrière un talus couvert d'arbres et de buissons, nous découvrons un canal ou un lac. Le seul chemin pour accéder au parc, c'est de traverser ce canal en empruntant une étroite passerelle que deux mitrailleuses battent de leurs feux. Le sergent Cahill demande à nos Bren de les éliminer mais plusieurs rafales ne peuvent en venir à bout. Le sergent prend le Bren, se dresse sur le talus et en de longues rafales, il élimine les deux positions. Il conduit alors l'attaque sur le petit pont et nous tombons sur notre gauche sur des tranchées en zigzag que nous attaquons. Je me souviens que les Allemands lançaient des grenades sur nous et que nous leur renvoyions. Finalement, nous en venons à bout et ils se rendent. Je me souviens que de jeunes infirmiers belges soignaient les blessés, les nôtres et ceux de l'ennemi, et les emmenaient sur des brancards. Quand le parc est pris, on me dit que sur notre droite, un autre peloton de la compagnie (je crois que c'est le* Platoon 9*) a capturé un général allemand.* »

En effet, **vers 20 h 00**, des drapeaux blancs apparaissent et les défenseurs du parc se rendent. Avec eux, le *Generalmajor* Christoph zu Stolberg-Stolberg, le commandant du secteur d'Anvers. A noter que dans les premières minutes, les Britanniques croient avoir pris deux généraux quand un autre officier « resplendissant » émerge d'un autre bunker. En fait, il « *apparaît bientôt qu'il s'agit d'un chef de fanfare et pas d'un général !* » Le *Major* Tom Maddocks va recevoir la *Military Cross* pour son action à Anvers, tandis que le sergent Paddy Cahill et le soldat Sako Savage recevront la *Military Medal*.

Anvers. En publiant cette photo, le « Patriote Illustré » a précisé que des soldats anglais s'abritaient derrière les arbres de l'avenue de France, surveillant l'entrée de la rue Louise-Marie qui aboutit au parc. Noter comment cette photo correspond bien aux témoignages que nous avons cités : « *...de nombreux civils se rassemblent pour acclamer les chars qui tirent sur le bâtiment et chaque fois qu'une douille d'obus vide est rejetée à l'extérieur du char, un civil passe sa main par la trappe ouverte et offre un verre de vin à l'équipage* ». (Le Patriote Illustré.)

Aux 300 prisonniers pris dans le parc, dont le commandant du secteur d'Anvers, le *Generalmajor* Christoph zu Stolberg-Stolberg, s'ajoutent bientôt 90 hommes pris à la *Kommandantur*, puis d'autres encore. Conduit par un officier de la *Kriegsmarine*, ce groupe de prisonniers a été photographié place de la Reine Astrid (Koningin Astridplein), devant la gare centrale d'Anvers. Les Britanniques ne savent que faire de tous ces prisonniers, près de 6 000, et ils se voient contraints de les enfermer dans les cages aux fauves du jardin zoologique. En novembre, suite à une protestation diplomatique allemande indiquant qu'à Anvers, des prisonniers allemands auraient été enfermés dans la cage aux lions du zoo, le *4th K.S.L.I.* va faire l'objet d'une enquête. (IWM.)

Les 300 prisonniers allemands qui sont faits dans le parc sont bientôt rassemblés dans le zoo de la ville, non loin de la gare, et confiés à la garde de la Résistance.

Dans le même temps, appuyée par trois chars du *3rd Royal Tanks*, la *Company D* du *Major* Ned Thornburn s'est occupée de la *Kommandantur*. La garnison se défend avec énergie, les progrès sont lents et au soir, le *Platoon 17* qui a réussi à pénétrer dans le bâtiment choisit de se retirer pour ne pas courir de risque dans l'obscurité. Le major Thornburn n'est pas satisfait de la tournure des événements quand, vers 22 h 00, les Allemands font savoir qu'ils envisagent de se rendre. L'officier allemand s'assure qu'il a bien affaire à un officier (dans son uniforme sale, avec ses marques de grades réversibles, Thornburn n'a pas vraiment l'air d'un officier) puis confirme. Près de 90 hommes se rendent alors et sont conduits au zoo.

Dans les mois qui suivent, suite à une protestation diplomatique allemande, le *4th King's Shropshire Light Infantry* va faire l'objet d'une enquête : à Anvers, des prisonniers allemands auraient été enfermés dans la cage aux lions du zoo ! Ce à quoi le major Thornburn se souvient avoir répondu que cela était exact, mais qu'il fallait bien comprendre « *qu'on avait d'abord fait sortir les lions !* »

Les résistants d'Anvers se sont engagés sans compter dans les combats pour libérer la ville, et en particulier dans le parc. Ils revendiquent même la capture du *Generalmajor* zu Stolberg-Stolberg et déclarent l'avoir remis au *Brigadier-General* Churcher vers minuit au soir du 4 septembre. Les anciens du *4th K.S.L.I.* réfutent cette version des faits et ils vont intervenir dans les années 70 quand un ancien résistant se donnait le beau rôle en prétendant avoir lui-même fait prisonnier le général. Une lettre de mise au point rédigée par le major Tim Ellis (à cette occasion, il a rapporté le témoignage du major Tom Maddocks, alors décédé) est venue contredire la version racontée à la presse par cet ancien résistant...

Le lendemain, **5 septembre**, les habitants font encore état d'importants groupes d'Allemands qui tiendraient ici ou là. Une attention toute particulière est donc apportée au nettoyage de la ville, mais les inquiétudes des habitants s'avèrent être fantasmatiques : il n'y a plus d'éléments allemands d'importance sur la rive droite de l'Escaut, rien que des isolés. Par contre, les Allemands tiennent en force la rive gauche de l'Escaut, à l'ouest, de même que le canal Albert, au nord ; vers l'est, ils ont détruit tous les ponts sur le canal, jusqu'à Herentals au moins. Leur artillerie tire encore épisodiquement sur Anvers et des civils qui fêtent leur libération dans les rues sont tués.

L'épuration se met en marche sans tarder et dès le 5 septembre, les collaborateurs notoires sont arrêtés. Noter le brassard aux couleurs belges que portent les résistants et la haine que manifeste ce passant : « Restez calme, on s'en occupe ! », semble lui dire un des résistants. Les prisonniers allemands ont été, entre-temps, évacués vers des camps et les collaborateurs sont à leur tour enfermés dans les cages du zoo. Les hommes d'un côté, les femmes de l'autre. (IWM.)

## La *7th Armoured Division* et la « *Ghent Force* »

Après une nuit dont peu ont profité pour se reposer (entre les patrouilles, les gardes, le ravitaillement, le réapprovisionnement des armes, les ordres pour le lendemain à distribuer et commenter...), la *7th Armoured Division* reprend son avance au **matin du 3 septembre**.

Sur la gauche, le *1st Royal Tanks* et le *1st Rifle Brigade* arrivent bientôt à **Lillers** et trouvent la ville solidement défendue. Avec l'aide de la Résistance qui « *compense en courage et enthousiasme ce qui lui manque en expérience et compétence* », le chemin est dégagé et l'avance se poursuit jusqu'au canal d'Aire. Là, à l'approche des premiers blindés, les Allemands font sauter les deux derniers ponts. A Lillers même, la situation reste confuse et des éléments allemands se manifestent sans discontinuer et une rue est à peine dégagée qu'il faut intervenir dans la rue voisine. Avec l'aide précieuse de la Résistance, le *1st Rifle Brigade* (moins la *Company C* qui est à l'avant-garde) et un escadron de chars s'efforcent de tenir au moins les rues de la ville où roulent les convois.

Sur la droite, avançant du secteur de Frévent où le deuxième groupement tactique a bivouaqué, des patrouilles du *11th Hussars* ont foncé vers le nord-est. **Vers midi**, une de ces patrouilles est aux portes de **Béthune** et signale que les Allemands tiennent la ville. D'autres patrouilles signalent bientôt un pont intact sur le canal à Hinges, au nord de Béthune, puis un autre à Cambrin, entre Béthune et

la Bassée ; si les Allemands ont fait sauter ce dernier, la destruction n'est que partielle et des chars peuvent encore passer. Pour tirer profit de ces deux ponts, il est décidé sans tarder de décaler vers l'est l'axe d'avance de la *22nd Armoured Brigade*.

Le *5th Royal Inskilling Dragoon Guards* reçoit alors l'ordre de se détourner (comme prévu, il a alors engagé le mouvement de contournement de Saint-Pol par l'est pour se rassembler près de Diéval) et à 16 h 00, les *Dragoons* arrivent à Cambrin. Là, le *11th Hussars* a passé la journée à repousser des groupes allemands qui tentaient de venir achever la destruction du pont. Couverts par le tir des autres chars *du 5th Royal Inskilling Dragoon Guards*, le *Squadron C* descend les rues étroites qui mènent au pont et le traverse, suivi des half-tracks du *1st Rifle Brigade*. Un canon antichar allemand détruit deux de ces half-tracks, le pont s'effondre sous les chenilles d'un dernier char mais une tête de pont solide est établie pour la nuit.

De son côté, le *1st Royal Tanks* et le *1st Rifle Brigade* ont reçu par radio l'ordre de se retirer via Lillers et de passer le canal à Hinges. La manœuvre se déroule sans trop de problèmes et à la nuit tombante, les chars du *Squadron C* passent le canal. A **minuit**, ils entrent à **Estaires** et trouvent le pont sur la Lys détruit.

Dans le même temps, d'autres éléments du *1st Royal Tanks* sont entrés dans Béthune et ont aidé la Résistance à prendre le contrôle du centre ville. Dans l'après-midi, les pointes du *8th King's Royal Irish Hussars* sont également entrées à Béthune par le sud.

Au soir, le gros de la *22nd Armoured Brigade* est encore au sud du canal de la Bassée et s'installe pour la nuit près de Mazingarbe. De son côté, libérée par la *53rd (Welsh) Division* qui a pris en charge le secteur de Saint-Pol, la *131st Infantry Brigade* se rassemble près de Hersin.

Toute la **matinée du 4 septembre**, les fantassins du *1st Rifle Brigade* et les chars *du 5th Royal Inskilling Dragoon Guards* s'efforcent d'élargir la tête de pont établie la veille à Cambrin. Les chars du *Squadron C* prennent les hauteurs au nord du village, infligeant de lourdes pertes à une unité allemande surprise à Givenchy ; de son côté, le *1st Rifle Brigade* élargit un peu la tête de pont en prenant les premières maisons de Festubert. C'est peu de chose et vers midi, convaincu qu'il faut inutile d'insister à Cambrin, le *XII Corps* décide de décaler l'axe d'avance de la *7th Armoured Division* vers l'est, pour passer au sud et à l'est de Lille. C'est le secteur du *XXX Corps*, mais la *11th Armoured Division* est maintenant loin devant, même la *151st Brigade (50th Northumbrian Division)* qui suit est déjà passée, et le général Horrocks donne son accord pour cette incursion dans son secteur.

Néanmoins, la pénurie de carburant menace et le général Verney se voit contraint de poursuivre avec seulement un groupement tactique de taille réduite, la « *Ghent Force* » : un escadron du *11th Hussars* va marcher en tête, suivi du *5th Royal Tanks* avec une compagnie du *1/6th Queens*, le reste du *1/6th Queens* et le *5th Royal Inskilling Dragoon Guards*. Dans le même temps, la *131st Infantry Brigade* va s'efforcer d'élargir la tête de pont de Cambrin.

Le *11th Hussars* s'est engagé dès le matin dans une longue avancée au sud-est de Lille, la « *Ghent Force* » suit et vers **15 h 30**, elle franchit la frontière belge près de **Néchin**. Via Spiere et Avelgem, l'avance se poursuit sur la rive gauche de l'Escaut. C'est pratiquement une promenade sur des routes bordées de maisons décorées de drapeaux. Peu de résistance et de nombreux prisonniers. Au soir, les pointes sont à **Kerkhove**, à dix kilomètres d'Audenarde.

Au **matin du 5 septembre**, après être entrée à **Audenarde** et avoir pris le pont sur l'Escaut, la « Ghent Force » se scinde alors en trois groupes de combat. Tandis que le *5th Royal Tanks* et le *1/6th Queens* foncent vers Gand, un second groupe (le *Squadron D* du *11th Hussars* et le *5th Royal Inskilling Dragoon Guards*) va avancer vers l'est, avec pour objectif les ponts sur l'Escaut à Melle et Wetteren, et un troisième (le *Squadron B* du *11th Hussars*) vers l'ouest, objectif, Kruishoutem et le pont sur la Lys à Dienze.

Tandis que le *11th Hussars* prend le contrôle de Kruishoutem, sans difficulté, le *5th Royal Tanks* avance vers Gand. Un premier point de résistance est rencontré à Nazareth et les chars du *Squadron C* doivent manœuvrer pour tourner un canon de 88 mm et le détruire. Les Allemands se retirent et le *Squadron C* rejoint Eke où le groupe de combat se rassemble.

Tandis que des éléments se déploient pour couper les routes à l'ouest de Gand et que d'autres s'occupent des positions allemandes signalées par les civils (ainsi, près de 300 hommes sont pris à Saint-Martens-Latem par le lieutenant Zoeftig du *5th Royal Tanks*), le *Squadron C* avance directement via Zevergem et Zwijnaarde. A l'entrée de Gand, au carrefour de la Pintelaan et de la Galgenlaan, les chars de tête tombent sur un barrage qui semble bien solide. Il est près de 17 h 30. Pour en venir à bout, il est décidé de monter une attaque avec les fantassins de la compagnie du *1/6th Queens* qui a suivi. Il est alors près de 18 h 00 quand un civil approche et vient annoncer que les Allemands envisagent de se rendre.

Le commandant du *5th Royal Tanks* s'avance et établit le contact avec l'officier allemand qui commande le barrage. Ce dernier confirme que son chef, un major, est prêt à se rendre. Bientôt, le major lui même arrive pour expliquer qu'il n'a pas le pouvoir de décider de la reddition de la garnison de la ville, 1 000 hommes, mais que son général pourrait le faire. Il suggère qu'un officier britannique l'accompagne au P.C. de la division. La suggestion est acceptée et le commandant du *Squadron C*, les yeux bandés, est conduit auprès du *Generalleutnant* Wilhelm Daser, le commandant de la *70. Infanterie-Division*. Daser refuse de discuter avec quelqu'un qui ne serait pas au moins général mais il envoie deux officiers au barrage pour indiquer aux Britanniques qu'il attend lui-même un accord du commandant du corps. Quand il l'aura, vers 20 h 00 espère-t-il, il se rendra lui-même au barrage avec la réponse. La réponse tarde et pour rassurer le général Daser, le commandant du *5th Royal Tanks* essaie alors d'intervenir en prétendant qu'il est général. Daser et son état-major ne s'en laissent pas compter et c'est au tour du *Brigadier-General* Mackenson, le commandant de la *22nd Armoured Brigade*, d'entrer en lice. Cela semble suffire et à 0 h 45 **au matin du 6 septembre**, Daser et son état-major arrivent, bottés et sanglés dans des uniformes impeccables. Ce qui tranche avec les officiers de la *7th Armoured Division* « *habillés avec ce dédain des conventions propres à la division* » comme le remarque l'historique de la division, « A short history of *7th Armoured Division* ». Daser fait une entrée théâtrale, saluant le bras tendu, mais il lui est sèchement demandé s'il est prêt à signer la reddition de la ville. Visiblement non, l'honneur le lui interdit, et les efforts des Britanniques qui insistent sur la situation

Le 4 septembre, la « Ghent Force» de la *7th Armoured Division* franchit la frontière belge près de Néchin et remonte la vallée de l'Escaut via Spiere et Avelgem. Les avant-gardes atteignent les faubourgs de Gand au soir du 5, des discussions sont entreprises avec les Allemands qui évacuent la ville sans combattre aux premières heures du lendemain. Ces photos des chars de la *4th Armoured Brigade* ont été prises à Avelgem, à une vingtaine de kilomètres au sud d'Audenarde. (Coll. P. Taghon.)

Avelgem, Doorniksesteenweg : les habitants saluent le passage d'un *Sherman Firefly* (*Sherman* armé d'un canon antichar de 76,2 mm). Comme plusieurs des documents qui illustrent cet ouvrage, ces photos doivent la précision de leur légende aux remarquables recherches menées sur le terrain par Peter Taghon. (Coll. P. Taghon.)

désespérée dans laquelle il se trouve n'y changent rien. Il est néanmoins convenu que les troupes allemandes auront évacué le centre de Gand avant la levée du jour et les Britanniques conviennent de retarder leur entrée dans la ville à 13 h 00.

C'est ainsi que la *7th Armoured Division* entre à Gand le **6 septembre**, sans rencontrer d'opposition. Une foule considérable est déjà rassemblée dans les rues. De maigres tirs d'artillerie et de mortiers allemands harcèlent encore la ville, mais ne causent que peu de dommages. L'historique de la division, « A short history of *7th Armoured Division* », précise que ces tirs ont au moins servi « *à calmer un peu les folies de la Libération* ». Le 8 septembre, le *Major-General* G.L. Verney est reçu à l'Hôtel de Ville.

Les combats vont se poursuivre le **9** et le **10 septembre** dans les quartiers nord de la ville, une zone portuaire, en particulier dans le secteur du pont Voorhavenbrug que défend une compagnie du *Gren.Rgt. 1018*. Les Britanniques forcent le passage du canal, mais les Allemands contre-attaquent et regagnent le terrain perdu. Au soir les Allemands se replient. A partir du 10 septembre, la *1st Canadian Army* prend le secteur de Gand en charge et la *7th Armoured Division* « passe » la ville à la *3rd Polish Infantry Brigade (1st Polish Armoured Division)* tandis que juste à l'est, la *4th Armoured Brigade* abandonne son secteur à la *10th Polish Armoured Brigade*.

# L'avance de la *1st Canadian Army* sur l'aile gauche

## 8

Tandis que la *2nd British Army* fonce vers Bruxelles et Anvers, la *1st Canadian Army* s'attache à remplir la triple mission que lui a confiée Montgomery : se saisir de Dieppe puis avancer rapidement le long de la côte pour détruire les forces ennemies, cela jusqu'à Bruges ; se saisir du port du Havre après avoir détruit les troupes qui le défendaient. Toutefois, et Montgomery a été clair, la priorité est « au nord ».

La première mission est remplie le **1er septembre** quand la *2nd Canadian Division* entre sans difficultés dans **Dieppe** évacuée par les Allemands. Un raid du *Bomber Command* sur la ville avait été prévu pour briser les défenses allemandes, mais les éclaireurs du *8th Reconnaissance Regiment (14th Canadian Hussars)* qui ont atteint Dieppe tôt le matin ont constaté que les derniers Allemands étaient partis la veille. L'information est rapidement transmise et les bombardiers sont arrêtés une vingtaine de minutes avant l'attaque. Le 3, en souvenir du raid d'août 1942, les Canadiens organisent à Dieppe un service religieux et une parade auxquels le *Major-General* Crerar lui-même participe.

Le **2 septembre**, la *51st (Highland) Division* se saisit de **Saint-Valéry-en-Caux** puis retourne vers l'ouest pour rejoindre la *49th (West Riding) Division* : le *I British Corps* se déploie devant Le Havre.

Reste la mission principale, « avancer rapidement et détruire les forces ennemies présentes le long de la côte jusqu'à Bruges ». Après avoir rencontré Montgomery dans l'après-midi du 31 août et entendu ses dernières instructions, Crerar se rend au Q.G. du *Lieutenant-General* G.G. Simonds. Les plans de l'avance du *II Canadian Corps* sont finalisés : la *4th Armoured Canadian Division* va progresser sur l'axe Neufchâtel - Abbeville en envoyant des patrouilles pour établir les contacts avec la *2nd British Army*.

Aux premières heures du 1er septembre, les contacts souhaités s'établissent plus vite que prévu quand des éléments de la *4th Armoured Canadian Division* passent dans le secteur de la *7th Armoured Division*, ce qui se traduit par des encombrements et des récriminations, en particulier dans le secteur de Hornoy.

Au matin du **2 septembre**, alors que les pointes de la *4th Armoured Canadian Division* atteignent **Abbeville**, le *II Canadian Corps* arrête son plan de bataille pour les prochains jours : tandis que la *1st Polish Armoured Division* va prendre la tête et avancer sur l'axe Hesdin - Saint-Omer - Ypres, la *3rd Canadian Division* va nettoyer le triangle entre la Somme, Abbeville et Le Tréport, puis poursuivre sur un axe Montreuil - Boulogne - Calais - Dunkerque. Quant à la *4th Armoured Canadian Division*, elle va s'arrêter à l'est d'Abbeville pour se réorganiser, et la *2nd Canadian Division* en fera de même près de Dieppe.

Au soir, dans une note adressée à Crerar, Montgomery réagit sèchement : la *2nd British Army* est sur le point d'entrer en Belgique et il est « *très nécessaire que vos deux divisions blindées avancent* à toute vitesse vers Saint-Omer et au-delà. Je considère que ce n'est pas le moment, je répète, pas le moment, d'arrêter une division pour une remise en ordre. Pousser en avant rapidement.* »

Crerar explique sa décision, mais sans céder. La situation s'envenime le 3 septembre quand Crerar ne se rend pas à temps au Q.G. de la *2nd British Army* pour une conférence à laquelle Montgomery l'avait invité ainsi que Bradley et Dempsey (Crerar participe à Dieppe à la parade commémorative). Il se rend alors au Q.G. de Montgomery et le ton monte...

Les 2 et 3 septembre, les blindés du *II Canadian Corps* passent la Somme : la *4th Armoured Canadian Division* près de Pont-Rémy, sur un Bailey de classe 40 mis en service au matin du 3, la *1st Polish Armoured Division* à Grand-Laviers, près d'Abbeville. Après un détour par Le Tréport, la *3rd Canadian Division* passe également la Somme. Le 4 septembre, elle franchit la Canche près de Montreuil et avance vers Boulogne. Au soir, elle reçoit de nouvelles instructions : « prendre Boulogne et détruire sa garnison ». La *2nd Canadian Division* va prendre le relais dans la course vers le nord-est et va s'occuper de Dunkerque et d'Ostende.

Sur la droite, la *1st Polish Armoured Division* ne rencontre pas d'opposition digne de ce nom et progresse rapidement. Comme en témoigne un caporal du *24th Polish Armoured Regiment* (témoignage enregistré par Gérard Milbled et extrait de « La vie dans l'Audomarois » par Raymond Dufay), les difficultés sont d'un autre ordre. En effet, « *dès que la colonne s'arrête, les civils viennent nous voir, nous embrasser, apporter des fleurs, de la nourriture, surtout de la boisson... Mais les choses se sont vite gâtées : les motocyclistes de la signalisation routière qui balisent l'itinéraire attribué à chaque colonne se sont trompés... ils ont envoyé un escadron de chars et tout ce qui suivait sur une fausse piste. Il a fallu faire demi-tour sur des chemins de campagne, vous imaginez l'embouteillage. Le général Maczek était furieux, surtout quand il a appris que les types en question étaient pas mal éméchés. Dans toutes les armées du monde, l'engueulade descend la voie hiérarchique et finalement c'est le soldat qui trinque si l'on peut dire. Donc, interdiction de se laisser inviter par les Français et d'accepter quoi que ce soit... Dans notre char, on avait quelques bouteilles sous les casiers à obus, le lieutenant les a vues, il les a jetées sur la route et tous les chars ont roulé dessus.* »

Le **4 septembre à midi**, les Polonais sont à **Hesdin**. L'objectif du lendemain est Saint-Omer et le plan de marche est le suivant : le *24th Polish Armoured Regiment* et le *10th Polish Motor Battalion* vont avancer sur la route « rouge », directement vers Saint-Omer, et les deux régiments de chars (*1st Polish Armoured Regiment* et *2nd Polish Armoured Regiment*) sur la route « bleue », vers Aire. Le groupe de reconnaissance, le *10th Polish Mounted Rifle Regiment*, va partir en tête sur la route « bleue » avec ses *Cromwell*, puis l'effort sera ensuite porté sur l'axe apparaissant comme le plus favorable.

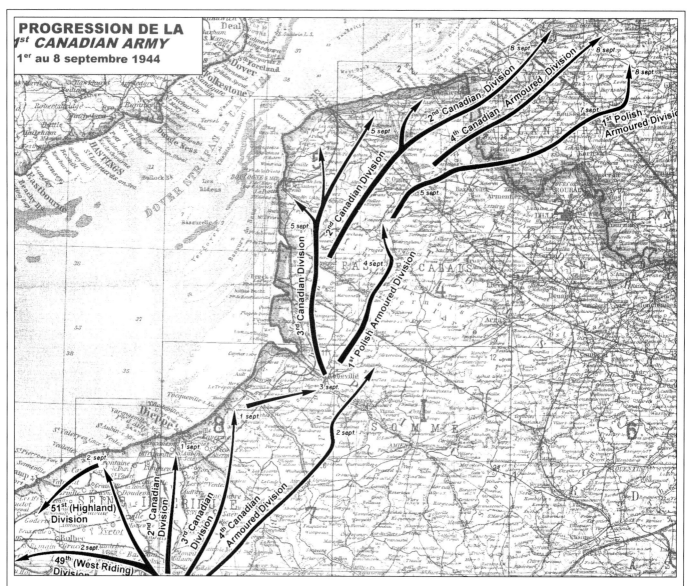

**PROGRESSION DE LA 1st CANADIAN ARMY**
**1er au 8 septembre 1944**

La mission de la *1st Canadian Army* est triple : se saisir de Dieppe et du Havre, et avancer rapidement le long de la côte pour détruire les forces ennemies. Le 1er septembre, la *2nd Canadian Division* entre sans difficultés dans Dieppe évacuée par les Allemands. Le lendemain, la *51st (Highland) Division* entre à Saint-Valéry-en-Caux, également abandonnée par les Allemands, puis se tourne vers l'ouest pour rejoindre le *British Corps* qui se déploie devant le Havre. Pour ce qui est de sa mission principale, la *4th Canadian Armoured Division* avance vers Abbeville au matin du 1er septembre. Sur la droite, il y a confusion de secteurs avec la *7th Armoured Division*, ce qui crée encombrements et récriminations, en particulier à Hornoy. Une fois la Somme franchie, la *4th Canadian Armoured Division* s'arrête à l'est d'Abbeville pour se réorganiser et la *2nd Canadian Division* en fait de même près de Dieppe. La *1st Polish Armoured Division* a pris la tête le 3 septembre et le lendemain, ses avant-gardes sont à Hesdin. Le 5, les Polonais sont à Saint-Omer, ils franchissent la frontière belge le 6 et libèrent Ypres ce même jour. Le lendemain, ils sont à Roeselare et le 8 à Tielt. Le 9, ils prennent Aalter mais ne parviennent pas à franchir le canal de Bruges à Gand. Après s'être réorganisée, la *4th Canadian Armoured Division* s'est déployée le 7 septembre sur la gauche des Polonais. Le 8 au soir, les Canadiens atteignent le canal et à minuit, ils établissent une tête de pont à Moerbrugge. Après avoir nettoyé le triangle entre la Somme, Abbeville et le Tréport, la *3rd Canadian Division* a franchi la Somme le 4 septembre et investi Boulogne et Calais. La *2nd Canadian Division* reprend son avance le 6 septembre et dans les deux jours qui suivent, elle investit Dunkerque, avec la *5th Brigade* à l'ouest et la *6th Brigade* à l'est. Dans le même temps, la *4th Brigade* poursuit vers Ostende et se saisit du port le 9 septembre.

Dans la nuit, tandis que les fantassins de la *3rd Polish Infantry Brigade* prennent le contrôle de Hesdin, les éclaireurs de la *10th Polish Armoured Brigade* s'avancent jusqu'à Fruges. La *1st Polish Armoured Division* reprend son avance au matin et, via Fauquembergues, progresse sans grande difficulté jusqu'au canal de Neuffossé qu'elle borde au soir, d'Aire-sur-la-Lys à Saint-Omer. A noter des combats pour la prise de Wittes, quatre kilomètres au nord d'Aire. Tous les ponts sur le canal sont détruits et à 18 h 00, le *8th Polish Battalion* établit une tête de pont à Blaringhem. Dans la nuit, le génie lance un pont.

Le pont est prêt au matin du **6 septembre** et les Polonais repartent de l'avant vers Cassel et Steenvoorde. Ils franchissent la frontière belge et un peu avant **13 h 00**, les chars du *2nd Polish Armoured*

*Regiment* entrent à **Poperinge** que les résistants contrôlent déjà. Les Allemands se sont retirés sur Ypres. Tandis que les chars de la *10th Polish Armoured Brigade* contournent Ypres et avancent au-delà de Zonnebeke, les fantassins des *8th* et *9th Polish Battalions* prennent le contrôle de la ville.

Dans la nuit, les éléments de la *711. Infanterie-Division* qui tenaient le canal à l'est d'Ypres se retirent derrière le canal entre Roeselare et Ingelsmuster. Le lendemain matin, après avoir fait sauter les ponts, le gros de la division se retire plus au nord, derrière le canal entre Bruges et Gand. L'avance se poursuit et le **7 septembre**, tandis que les pointes de la *10th Polish Armoured Brigade* contournent Roeselare par le nord, le *9th Polish Battalion* conquiert, non sans combats, la ville.

La poursuite continue le **8** et les Polonais atteignent **Tielt**. Les Allemands sont bien décidés à tenir la ville qui contrôle l'un des derniers axes de repli de la *15. Armee* et deux compagnies du *Gren.Rgt. 745, 712. Infanterie-Division*, s'y cramponnent toute la matinée. Le *8th Polish Battalion* ne réussit à en venir à bout qu'en milieu d'après-midi. Un autre groupe de combat tient ferme à Ruiselede, bloquant la route vers Aalter et il faut un raid aérien pour en venir à bout.

Ces combats d'arrière-garde ont donné à la *15. Armee* le temps nécessaire à un rétablissement précaire sur le canal entre Bruges et Gand. Les *711.* et *64. Infanterie-Divisionen* sont au centre et la *59. Infanterie-Division* à gauche, vers Gand. Sur la droite, vers la côte, la *245. Infanterie-Division* et le *Kampfgruppe Hertlein*.

Après s'être réorganisée près d'Abbeville, la *4th Armoured Canadian Division* est repartie au matin du 6 septembre pour se déployer le lendemain sur la gauche des Polonais. Le **8 septembre** au soir, les Canadiens atteignent le canal au sud de Bruges. Tous les ponts sont détruits mais à minuit, l'*Argyll and Sutherland Highlanders of Canada (Princess Louise's)* établit une tête de pont à Moerbrugge, juste à la limite des secteurs entre les *245.* et *711. Infanterie-Divisionen*.

Le **9 septembre**, une compagnie du *Lincoln and Welland Regiment* passe à son tour le canal et toute la journée, les trois compagnies qui tiennent la tête de pont repoussent des contre-attaques. Le génie commence la construction d'un pont mais l'artillerie allemande arrête souvent le chantier et le pont n'est mis en service que dans la nuit. Aux premières heures du **10 septembre**, un *squadron* du *29th Reconnaissance Regiment (The South Alberta Regiment)* passe dans la tête de pont qui peut, avec leur appui, être progressivement élargie.

De leur côté, les Polonais ont pris Aalter le 9 septembre mais ils ne parviennent pas à franchir le canal défendu dans ce secteur par le *Gren.Rgt. 1039* de la *64. Infanterie-Division*. Une attaque de grande envergure est prévue pour le 10 mais elle est annulée et dès le lendemain, la *3rd Polish Infantry Brigade*, avec le *24th Polish Armoured (Lancer) Regiment*, sont envoyés à Gand pour relever la *7th Armoured Division*...

Ci-dessus : Le 8 septembre au soir, les pointes de la *4th Armoured Armoured Division* atteignent le canal Bruges-Gand et à minuit, une tête de pont est établie à Moerbrugge. Cette photo a été prise sur la Grand Place de Bruges quelques jours plus tard : le caporal N.G. Rosborough du *Canadian Provost Corps* examine une grenade allemande que lui montrent deux membres de la Résistance : noter la salopette blanche, « l'uniforme » de l'Armée secrète. (Archives nationales du Canada.)

Ci-contre : Le 10 septembre, la *1st Canadian Army* prend en charge le secteur de Gand et tandis que la *7th Armoured Division* passe la ville à la *3rd Polish Infantry Brigade*, à l'est, la *4th Armoured Brigade* abandonne le secteur à la *10th Polish Armoured Brigade*. Ces deux soldats du *9th Polish Battalion, 3rd Polish Infantry Brigade*, se désaltèrent à Mariakerke, juste à l'ouest de Gand. (Coll. P. Taghon.)

## La *1st Polish Armoured Division* à **Fauquembergues**

Le 3 septembre, la *1st Polish Armoured Division* prend la tête du *II Canadian Corps*, ses avant-gardes sont à Hesdin le lendemain et poursuivent vers Saint-Omer et Ypres. On voit ici les pointes de la division traversant Fauquembergues au matin du 5 septembre : des *Sherman*, dont un *Sherman Firefly* (photo en haut à gauche) armé du long canon de 76,2 mm, des camions, une auto blindée *Staghound*, un *Centaur Antiaircraft* Mk II sur un porte-chars... Le *Staghound* (photo ci-dessous) est un engin de fabrication américaine (dénomination US : T17E1) en dotation fréquente dans les unités blindées britanniques : deux fois plus lourd que les auto blindées *Daimler* et *Humber* de fabrication britannique, le *Staghound* est aussi beaucoup plus spacieux et il est donc souvent utilisé comme véhicule de commandement. (Coll. Mme Pruvost via A. Coilliot.)

## L'avance du *II Canadian Corps*

**1, 2, 3** et **4.** Le 4 septembre, la *3rd Canadian Division* franchit la Canche près de Montreuil et poursuit vers Boulogne. Ces photos ont été prises le lendemain au Touquet. Le photographe canadien a noté comment il est entré dans une « ville fantôme » : les civils ont été évacués par les Allemands deux jours plus tôt et les Allemands eux-mêmes se sont retirés sans laisser d'arrière-garde... Néanmoins, les plages sont truffées de mines et la ville est garnie de pièges, des « booby-traps » comme les appellent les Britanniques. Sur la côte, les Canadiens examinent un blockhaus abandonné : armé d'un canon de 88 mm « qui n'a jamais servi », ce blockhaus est « plein de munitions ». (DR.)

**5.** La *2nd Canadian Division* investit bientôt Dunkerque avec la *5th Brigade* à l'ouest et la *6th Brigade* à l'est, la *4th Brigade* poursuivant son avance vers Ostende. Le 7 septembre, elle atteint Furnes et Nieuport. A Furnes, sur la Zuidbrugeweg, des auto blindées *Humber* du *18th Armoured Car Regiment* (*12th Manitoba Dragoons*). (Archives nationales du Canada.)

**6.** A Nieuport, sur la Pelikaanstraat, le photographe Kenn Bell s'est intéressé à ces trois hommes du *South Saskatchewan Regiment*, *2nd Canadian Division* : le caporal S.J.R. Wilson, le soldat P.J. Kraft et le soldat H.E. Looker. (Archives nationales du Canada.)

**7.** A Blankenberge, une colonne de *Carriers* du *Royal Regiment of Canada*, *4th Brigade*, *2nd Canadian Division*. Sur l'avant du premier *Carrier*, noter le code de l'unité, le chiffre 55. (Archives nationales du Canada.)

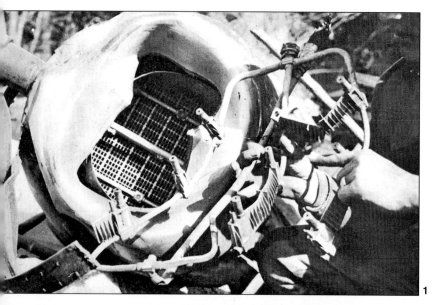

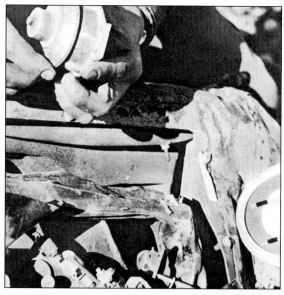

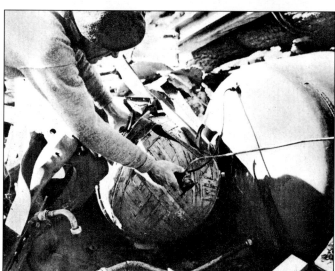

## La capture des bases de lancement des armes V

Neutraliser les sites de lancement de V1 est l'une des premières missions de la *1st Canadian Army* : « *en nous saisissant des sites de lancement des bombes volantes dans le Pas-de-Calais, nous allons soulager sans tarder nos familles et amis en Angleterre*» a écrit Montgomery.

**1, 2, 3** et **4.** Ces photos faites « *sur un site du Pas-de-Calais* » ont été publiées en septembre 1944 par « L'Illustrated London News » : la prise d'air du pulsoréacteur « *avec les neuf injecteurs qui vaporisent le carburant dans la chambre d'explosion* », le gyroscope, la charge explosive, le réservoir de carburant, le réservoir d'air comprimé... (DR.)

**5** et **6.** Le piston de la catapulte, avec le crochet qui projette la V1 au moment du lancement. (DR.)

**7, 8** et **9.** « Le site mystérieux près de Saint-Omer » : tel est le titre donné en septembre 1944 à ces photos du fameux bunker d'Eperlecques. Prévu à l'origine pour le lancement des V2 puis, après les dommages causés par les bombardements d'août 1943, pour le stockage de l'oxygène liquide des fusées, cet immense édifice de béton n'aura jamais servi. Dès le mois de septembre 1944, les Allemands vont cependant lancer leurs premiers V2 depuis des sites mobiles difficilement repérables par l'aviation alliée. C'est ainsi que la première fusée tirée va s'écraser en banlieue parisienne le 8 septembre 1944. (DR.)

# 9 | La *1st US Army* sur le flanc droit

Le **2 septembre**, Eisenhower rencontre Bradley, Hodges et Patton à Chartres, au Q.G. de ce dernier, et leur confirme sa décision de donner la priorité à l'aile gauche des armées alliées. Patton proteste et insiste sur le fait que s'il avait du carburant, il atteindrait le Rhin en peu de temps. Bradley le soutient et propose d'engager sans tarder la *1st US Army* en direction de l'est. Eisenhower admet qu'au vu de la faiblesse des forces allemandes rencontrées, il est possible de réduire la puissance des forces engagées au nord des Ardennes. Il décide donc d'un compromis : la *1st US Army* va poursuivre son avance en soutien du *21st Army Group*, mais avec deux corps d'armée seulement, et un troisième corps va se tourner vers l'est, vers Koblenz. En cohérence avec cette avance de l'aile droite de la *1st US Army*, la *3rd US Army* va attaquer vers Mannheim et Frankfurt.

Dans ce cadre, le **3 septembre**, Hodges réoriente la *1st US Army*, une manœuvre qui n'est pas sans difficultés. En effet, l'objectif prioritaire est l'établissement de têtes de pont sur la Meuse et il faut faire l'effort avec l'aile droite, la plus proche du fleuve. Hodges affecte le peu d'essence disponible au *VII Corps* (alors sur la droite) et au *V Corps* (au centre) et demande au premier de se tourner vers l'est pour avancer directement vers la Meuse. Le *V Corps* va également se tourner à droite, traverser les arrières du *VII Corps* et se trouver ainsi sur l'aile droite de l'armée. Quant au *XIX Corps*, il va rester pour le moment dans le secteur de Tournai, dans l'attente de carburant, puis il rejoindra sur l'aile gauche. L'objectif du *VII Corps* est Bonn, celui du *V Corps* Koblenz et celui du *XIX Corps* Cologne.

## La Meuse, le Luxembourg et le *Westwall*

Quand Collins reçoit ses ordres, il ordonne à la *9th Infantry Division* de s'engager sans tarder vers l'est pour aller franchir la Meuse dans le secteur de Dinant. Les avant-gardes de la division bordent bientôt le fleuve de Givet à Namur et constatent que les Allemands tiennent l'autre rive. Deux têtes de pont sont bientôt établies, l'une au sud de Dinant, l'autre au nord, mais la situation est difficile : l'artillerie allemande harcèle les sites de franchissement et des éléments de la *2. SS-Panzer-Division* et d'autres de la *12. SS-Panzer-Division* contre-attaquent les têtes de pont avec constance. Pour un temps, un bataillon est encerclé et perd près de 200 hommes.

Ayant attendu à Mons une livraison de carburant, la *3rd Armored Division* s'engage vers Namur le **4 septembre**. Dans la ville, des fantassins traversent la Meuse sur un pont endommagé et chassent la faible garnison allemande. La construction d'un pont flottant est engagée sans tarder, mais c'est un travail de longue haleine car le fleuve mesure près de 150 mètres de large. Les premiers chars traversent au matin du **6 septembre** mais la division est de nouveau arrêtée dans l'attente de carburant. Le peu d'essence disponible est donnée à la *Task Force King* que Collins envoie vers le sud, en direction de Dinant, pour venir en aide aux fantassins de la *9th Infantry Division* toujours bloqués dans leurs têtes de pont. Au soir, les chars de la *Task Force King* atteignent Dinant et bousculent les positions allemandes.

Des éléments de la *12. SS-Panzer-Division*, et d'autres de la *2. SS-Panzer-Division*, contre-attaquent sans discontinuer les têtes de pont américaines de Dinant. Cette photo d'un Sd.Kfz. 251/1 de la *12. SS-Panzer-Division* (noter l'emblème de la division en haut à droite de la plaque de blindage arrière) a été prise à Dinant, sur la rive gauche de la Meuse, un jour ou deux avant l'arrivée des avant-gardes américaines. Au loin, on aperçoit la Collégiale et le pont encore intact. (ECPArmées.)

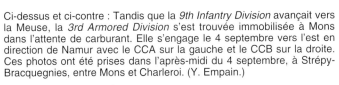
Ci-dessus et ci-contre : Tandis que la *9th Infantry Division* avançait vers la Meuse, la *3rd Armored Division* s'est trouvée immobilisée à Mons dans l'attente de carburant. Elle s'engage le 4 septembre vers l'est en direction de Namur avec le CCA sur la gauche et le CCB sur la droite. Ces photos ont été prises dans l'après-midi du 4 septembre, à Strépy-Bracquegnies, entre Mons et Charleroi. (Y. Empain.)

Les unités allemandes encore présentes à Namur sont chassées et la construction d'un pont flottant est engagée, un travail de titans car la Meuse mesure près de 150 mètres de large à Namur. Cette photo a été prise le 8 septembre. (US Army.)

**1.** « Vive les Américains ! » écrit le Patriote Illustré pour illustrer cette photo. « *Des ovations délirantes saluèrent les premières autos et c'est entre deux haies de Namurois enthousiastes que les Américains défilèrent* ». (DR.)

1

2

3

**2.** A Liège, « *l'arrivée des Jeeps, les petites voitures américaines, soulève parmi la population liégeoise des rafales d'acclamations qui vont se répercutant par les boulevards et les terrasses.* » (DR.)

**3.** Toujours à Liège, un membre d'équipage d'un *Tank Destroyer* M 10 répond aux acclamations de la foule. (DR.)

Ayant reçu du carburant, la *3rd Armored Division* reprend son avance le **7 septembre**, ses avant-gardes atteignent **Huy** puis **Liège**. Tandis que les Américains nettoient la ville des quelques éléments allemands qui y sont encore, une foule enthousiaste fête ses libérateurs avant même que la ville soit libérée. Le commandant du *Kampfgruppe* chargé de défendre la ville, le *Generalmajor* Detlef Bock von Wülfingen, envoie son dernier message à 20 h 55.

Assemblé au nord-est de Laon, le *V Corps* s'est également engagé vers la Meuse dès le 4 septembre. L'avance est rendue chaotique par la pénurie de carburant mais le 5, le *102nd Cavalry Group* qui marche en tête, et la *5th Armored Division* qui suit, franchissent la Meuse près de Sedan. Avançant en Belgique au travers des Ardennes, les avant-gardes du *V Corps* ne rencontrent pas de résistance digne de ce nom. Le 7 septembre, alors que ses éléments blindés sont arrêtés du fait du manque de carburant, Gerow décide de réserver le peu d'essence qu'il a reçue à son infanterie, moins gourmande. Il donne alors ordre à la *28th Infantry Division* de passer au devant des blindés immobilisés et d'avancer en direction de Prüm.

Ayant enfin été ravitaillée le **9 septembre**, la *5th Armored Division* reprend son avance et le lendemain, ses chars rentrent à **Luxembourg**, accueillis par les habitants enthousiastes. Avec eux, le Prince Félix, l'époux de la Grande Duchesse de Luxembourg (il est alors *Brigadier-General* dans l'armée britannique). Les chars poursuivent leur avance mais la résistance se fait plus forte à l'est de la ville et ils s'arrêtent dans l'attente d'instructions concernant le *Westwall*.

Au nord, les pointes du *VII Corps* ont dans le même temps atteint Verviers, puis Eupen. Ils sont encore en Belgique, mais ils ont atteint les cantons de l'est, germanophones et rattachés au Reich de 1870 à 1918 et de nouveau depuis 1940. Pas de foules enthousiastes dans les rues, pas de fleurs ni de cadeaux, mais des gens abasourdis, silencieux, hostiles.

A 18 h 05 au soir du **11 septembre**, une patrouille de cinq hommes du *85th Cavalry Reconnaissance Squadron, 5th Armored Division*, commandée par le *Sergeant* Warner W. Holzinger, franchit l'Our près de Vianden et s'avance jusqu'à Stalzemburg, en Allemagne.

Ses avant-gardes sont face au *Westwall* et Hodges se doit de prendre en compte la possibilité que les Allemands s'arc-boutent sur cette ligne, ce que de nombreux signes semblent indiquer. Il pourrait donc s'avérer nécessaire de se battre longuement pour briser cette ligne de défense, ce que les réserves de munitions ne permettent pas de faire : leur approvisionnement a en effet été négligé dans les dernières semaines, au profit du carburant. Les experts indiquent que ce n'est pas avant le 15 septembre que les stocks de munition auront été reconstitués au niveau nécessaire pour permettre cinq jours de combats.

Hodges décide alors d'une pause de deux jours pour permettre la remise à niveau des stocks : le *V Corps* et le *VII Corps* ne doivent pas se lancer dans des opérations d'envergure avant le matin du **14 septembre**. Cette décision marque la fin de la poursuite pour la *1st US Army* : la Belgique et le Luxembourg ont été libérés, l'Allemagne est à portée mais il faut forcer le *Westwall*.

# Combats sur l'Escaut

## 10

Le 29 août, on l'a vu, le maréchal Model a donné un ordre de repli général sur « la ligne de défense allemande à l'Ouest », une ligne qui se déploie sur l'estuaire de l'Escaut, le long du canal Albert et de la Meuse, puis sur le *Westwall* et la Moselle. Cela en théorie, car en réalité rien n'est encore prêt, et Model demande de retarder, par un repli posé, l'avance des armées alliées : elles ne doivent pas atteindre cette nouvelle ligne de défense avant dix jours, le temps nécessaire à son déploiement.

Les unités qui forment l'arrière-garde des *15. Armee*, *5. Panzer-Armee* et *1. Armee* ne peuvent ralentir l'avance des armées alliées comme Model l'avait espéré, peu s'en faut et, au soir du 2 septembre, les Américains sont à Mons et Tournai. Une brèche de plus en plus large s'ouvre ainsi entre la *15. Armee*, dépassée sur son flanc gauche par l'avance des blindés britanniques, et la *5. Panzer-Armee* repoussée vers l'est par les Américains. Le **3 septembre** au matin, Model apprend que des blindés britanniques viennent de prendre Ath et qu'ils foncent vers le nord-est, vers Bruxelles. Au soir, de nouveaux rapports indiquent que ces blindés sont à Enghien. Dans l'espoir de bloquer l'avance des chars britanniques devant Bruxelles, un *Kampfgruppe* de la *Panzerbrigade 105* reçoit l'ordre de gagner la capitale belge, mais vers 22 h 00, des rapports signalent que les Britanniques sont entrés à Bruxelles, avec au moins vingt chars. Les avant-gardes de la *Panzerbrigade 105* qui sont alors vers Kortenberg reçoivent l'ordre de ne pas poursuivre.

Au matin du **4 septembre**, Model donne l'ordre d'envoyer sans tarder à Anvers la *719. Infanterie-Division* alors en transit aux Pays-Bas vers Bruxelles, mais il est trop tard. Les blindés britanniques se saisissent de la ville et du port dans l'après-midi. Un rapport alarmiste de l'*Ob.West* indique alors que la prise d'Anvers a « *fermé la nasse autour de la* 15. Armee » et qu'il faut maintenant s'attendre à une percée vers Breda.

Ce même jour, Hitler décrète « *qu'il était particulièrement important pour la poursuite de la guerre de tenir les forteresses de Boulogne et Dunkerque, le secteur de Calais, Walcheren et le port de Vlissingen, la tête de pont d'Anvers et le canal Albert jusqu'à Maastricht. A cette fin, je demande à la* 15. Armee *de renforcer les garnisons de Boulogne, Dunkerque et Calais et y intégrant des unités constituées* ». Boulogne, Dunkerque et Calais sont promues au rang de forteresses, de même que l'île de Walcheren.

Du fait de l'insuffisance des réserves disponibles à Calais et Dunkerque, il ne s'avère pas possible d'intégrer à ces *Festungen* autant d'unités qu'initialement envisagé et, entre autres, les *331.* et *346. Infanterie-Divisionen* reçoivent finalement l'ordre de se retirer vers l'est. Les **6 et 7 septembre**, elles franchissent la Lys et s'avancent vers l'Escaut, comme le font les éléments de la *59. Infanterie-Division* et d'autres de la *17. Feld-Division (L)*. Ces mouvements se heurtent aux flancs du *XII Corps* et seul un *Kampfgruppe* de la *346. Infanterie-Division* réussit à atteindre l'Escaut dans la nuit du 6. Une tête de pont est établie près de Zingem, au nord d'Audenarde, mais c'est un succès sans lendemain car le 7 septembre arrive l'ordre d'abandonner tout projet de percer vers l'est. En effet, l'OKW a compris qu'il ne serait pas possible de forcer un passage au travers des unités blindées britanniques et qu'il fallait au contraire se rabattre vers le nord, dans un premier temps derrière une ligne qui s'appuie sur les canaux de Zeebrugge à Wachtebeke, via Bruges et le nord de Gand, pour une évacuation via l'embouchure de l'Escaut.

## La tête de pont de Merxem

La rapide avance des derniers jours a installé un bel optimisme dans les états-majors alliés, au *XXX Corps* comme ailleurs, et il est décidé d'engager sans tarder la *11th Armoured Division* dans une attaque vers le nord. Dans un premier temps, il faut établir une solide tête de pont sur la rive nord du canal Albert et construire au moins un pont sur le canal, deux si possible. Après que la *159th Infantry Brigade* aura établi cette tête de pont, la *29th Armoured Brigade* passera le canal pour pousser vers le nord. L'optimisme est de règle, on l'a vu, et il est affirmé que les défenses allemandes au nord du canal ne sont constituées que d'une poignée de snipers et quelques positions de mitrailleuses. L'expérience va montrer qu'ils sont plus nombreux que cela, et bien décidés à tenir...

Cette opération est tout aussi importante que la capture même du port d'Anvers : en effet, si les Allemands gardent le contrôle de l'estuaire de l'Escaut, ils bloquent l'accès au port. En fait, personne n'a vraiment perçu l'importance de l'opération qui est envisagée car au *XXX Corps* comme à la *2nd British Army*, tout le monde a les yeux fixés sur le Rhin. Quant à Montgomery, il pense à « *une attaque puissante et décidée en direction de Berlin qui aurait toutes les chances de succès et mettrait fin à la guerre* ».

A Anvers, quatre ponts passent le canal Albert : un pont dans la zone portuaire, un pont ferroviaire, le pont de la route principale vers Breda et un pont à Merxem. Au matin du **5 septembre**, des informations ayant indiqué que le pont du port serait encore intact, la *Company C* est envoyée pour s'en saisir. Le commandant de la compagnie, le *Major* Andy Hardy raconte:

*« La foule est dense, ce qui rend le contrôle difficile, mais elle disparaît comme par magie quand nous approchons du pont, juste avant qu'une première rafale de mitrailleuses nous prenne à partie depuis l'autre rive du canal. Je dois dire que j'étais certain qu'une attaque sur le pont allait se solder par un échec sanglant. Je fais néanmoins avancer deux pelotons sur le pont, un à gauche et un à droite, et un troisième peloton s'apprête à tenter sa chance. Le reste de la compagnie est en soutien, avec un groupe de mitrailleuses du bataillon et une* Troop *de trois chars. Alors, à mon grand soulagement, une sourde explosion se fait entendre et la travée centrale du pont s'effondre dans le canal ».*

Ce n'est que partie remise et à 20 h 00, le *Brigadier-General* Jack B. Churcher donne au lieutenant-colonel Reeves, le commandant du *4th King's Shropshire Light Infantry*, l'ordre d'établir une tête de pont à Merxem. Tout le bataillon devra traverser dans la nuit. Pour épauler cette attaque, une autre opération va être lancée le lendemain dans la zone portuaire, sur la gauche, par deux compagnies du *3rd Monmouthshire*, avec deux *Troops* du *23rd Hussars* en soutien.

Le lieutenant-colonel Reeves décide d'engager trois compagnies (la *Company A* du *Major* Tom Maddocks, la *Company B* commandée par le lieutenant R.B. Mullock et la *Company C* du *Major* Andy Hardy) pour établir une tête de pont à Merxem. Dans le même temps, la *Company D* du *Major* Ned Thornburn va essayer de traverser un millier de mètres en amont. Deux sections de mortiers sont en position près du Palais des Sports, prêtes à battre les abords de la tête de pont, et des régiments d'artillerie ont également pris position...

Le manque de cartes précises est un grave problème et si le lieutenant-colonel Reeves a réussi à se procurer des plans de la ville, beaucoup sont « imprécis ou pas à jour ». Ainsi, il ne sait pas que juste en aval du pont, le canal donne accès à un bassin et qu'à cet endroit il est en fait large de plus de cent mètres. (Cf. carte page 159.)

Comme en témoigne ce récit du sergent Ted Jones de la *Company A*, la préparation de l'opération manque pour le moins de sérieux : il s'agit de traverser un canal, et aucun canot n'a été préparé !

*« La première tentative de traversée est faite sur les ruines en partie submergée du pont détruit. Cela est trop difficile et les canots sont alors déchargés des T.C.V. (Troop Carrying Vehicle, véhicule de transport de troupes) où ils sont restés accrochés depuis le débarquement en Normandie. Ces canots sont rassemblés et nous les mettons à l'eau pour découvrir qu'ils prennent tous l'eau ! Nous abandonnons l'idée de les utiliser et nous partons le long du canal à la recherche de barques. Nous en trouvons quelques-unes et nous traversons. Je me souviens que le courant était fort et qu'il était difficile de tenir la barque en ligne. Nous atteignons la rive opposée et avançons pour nous établir dans des maisons et des usines. »*

La *Company B* et la *Company C* suivent et se déploient à leur tour dans des bâtiments industriels. A **4 h 30** au matin du **6 septembre**, le *4th King's Shropshire Light Infantry* a établi une tête de pont solide, mais de petite taille : la *Company B* est contre le canal, dans une usine textile, la *Company C* au nord, dans une papeterie, et la *Company A* sur la gauche, dans d'autres bâtiments.

De son côté, juste à l'est, la *Company D* a trouvé le pont de Merxem détruit. Il est possible de traverser en rampant sur les ruines du pont, ce qu'une section a fait sans tarder. Le *Major* Thornburn est moins que satisfait de la situation générale. Malgré les pressions du Q.G. du bataillon qui appelle sans cesse par radio pour savoir où en est la traversée, il décide d'attendre la levée du jour pour engager le reste de la compagnie. Convaincu que ses hommes « vont tous être pris avant le déjeuner et pour ne rien gagner », il n'en fait rien.

Conscient de la nécessité d'élargir l'étroite tête de pont de Merxem, le lieutenant-colonel Reeves demande à la *Company A* de se décaler vers la gauche, à la *Company C* d'en faire de même sur la droite et à la *Company B* d'avancer au centre. Il a lui-même installé son P.C. sur le toit plat de l'usine dans laquelle est établie la *Company B*.

Sur la gauche, la *Company C* envoie un peloton en reconnaissance au travers d'un verger mais l'affaire tourne mal et treize hommes du *Platoon 13*, dont le commandant du peloton, le sergent Griffiths, sont faits prisonniers. Au centre, la *Company A* progresse et occupe une série de bâtiments, de l'autre côté de la rue, à l'avant de la tête de pont. Les Allemands réagissent rapidement et le *Major* Maddocks et sa compagnie sont bientôt coupés de la tête de pont par des chars qui tirent à bout portant dans les bâtiments.

La situation s'aggrave encore quand vers **11 h 00**, les Allemands contre-attaquent avec l'appui de quelques blindés. Il n'a pas encore été possible d'amener des canons antichars et les hommes du *4th K.S.L.I.* doivent se contenter de six PIAT (*Projectile Infantry Anti Tank* : un lanceur de projectiles antichars) pour tenir les panzers à distance. Bientôt, tous les obus de PIAT disponibles, une douzaine, ont été tirés et les chars allemands peuvent manœuvrer à leur aise. Encore et encore, ils s'avancent au coin d'un bâtiment pour tirer presque à bout portant avant de se retirer de quelques dizaines de mètres. Ils ne s'aventurent toutefois pas jusqu'à entrer dans la cour des usines tenues par les hommes du *4th King's Shropshire Light Infantry*.

Comme en témoignera le lieutenant-colonel Reeves, les mortiers déployés près du Palais des Sports tirent sans cesse pour tenir les Allemands à distance et contrer leurs manœuvres. Ils « font du bon travail », de même que de nombreuses batteries d'artillerie (« trois régiments moyens et cinq régiments de campagne » selon Reeves) et ces tirs « *évitent que nous soyons submergés* ».

Dans la matinée, le lieutenant-colonel G.L. Galloway, le commandant du génie de la *11th Armoured Division*, se rend dans la tête de pont du *4th King's Shropshire Light Infantry* pour choisir un site approprié à la construction d'un pont. Il n'en trouve pas et il en choisit un dans le secteur, plus calme, tenu un peu en aval par le *3rd Monmouthshire*. Là, le canal fait moins de 25 mètres de large et la construction du pont en sera d'autant plus facile. Une colonne de pontonniers du *612th Field Squadron* s'avance vers le site retenu mais l'artillerie allemande les prend soudain à partie. Sous les obus, la colonne fait demi-tour, des véhicules sont endommagés et plus de vingt hommes sont blessés. Les véhicules se retirent de quelques centaines de mètres et sont dispersés sur les côtés d'un large boulevard non loin de la gare. L'artillerie allemande se montre de plus en plus active et vers 10 h 30, il est décidé de suspendre le projet pour le moment.

Pour interdire l'arrivée de renforts, les Allemands tirent sur les barques qui s'aventurent sur le canal et l'évacuation des blessés est en conséquence bien difficile. Une barque avec une vingtaine de blessés (dont le lieutenant Mullock) est ainsi surprise au milieu du canal par un panzer qui s'est avancé sur la rive pour mieux prendre la voie d'eau sous son feu. Un homme est tué par ses tirs et un infirmier de la *Company B*, le sergent Ron Cookson, se dresse alors en agitant son brassard à la croix rouge. Le panzer cesse de tirer et se retire.

Dans l'après-midi, une rumeur parcourt la tête de pont : des chars ont franchi le canal en aval et ils vont venir renforcer le *4th King's Shropshire Light Infantry*. Cette information redonne le moral à tout le monde, mais ce soir, aucun char n'est apparu. L'attaque du *3rd Monmouthshire* via le port a progressé, un premier canal a été franchi sur un pont ferroviaire, mais elle s'est heurtée à un nouveau barrage établi sur un autre pont. Le char de tête, du *23rd Hussars*, a sauté sur une mine et il n'a pas été possible de progresser plus avant.

Bientôt, les éléments avancés de la *Company A* se replient sur la tête de pont. « *Bob Bignell grimpe sur mon dos, regarde par-dessus le mur et dit qu'il voit le canal. Il dit aussi qu'il y a des soldats côté l'autre côté du mur. Le sergent Cahill lui dit de leur demander qui ils sont et à notre grand soulagement, la réponse est K.S.L.I. ! Nous grimpons tous par-dessus le mur et nous nous réfugions dans l'usine ».*

Dans la tête de pont, les hommes sont épuisés, ils ont faim et soif et les munitions commencent à manquer. Au **soir du 6 septembre**, la situation est telle que le *Brigadier-General* Churcher se prépare à organiser l'abandon de la tête de pont dans la nuit. Bien au contraire, c'est l'ordre de la tenir qu'il reçoit bientôt, avec celui d'amener des renforts et des approvisionnements. L'euphorie est toujours de mise au Q.G. du *XXX Corps* !

Dans la nuit, tandis que le *4th King's Shropshire Light Infantry* s'efforce de renforcer sa tête de pont, ce qui s'avère impossible, le génie se prépare à lancer un pont. Aux premières heures du **7 septembre**, à **0 h 30**, le lieutenant-colonel G.L. Galloway se rend au P.C. avancé du *3rd Monmouthshire* et envoie une nouvelle patrouille pour inspecter plus précisément le site choisi. Trois hommes du *612th Field Squadron* s'équipent de chaussures de sport pour marcher en silence et se noircissent le visage au charbon. Accompagnés d'un guide belge qui connaît bien le secteur, ils s'avancent jusqu'au site du pont et gonflent un canot pneumatique... qu'ils ne peuvent utiliser car trop de débris encombrent le canal. L'officier qui commande le groupe se déshabille et traverse à la nage en tenant le bout d'une cordelette. En silence, la cordelette est tendue entre les deux piles du pont détruit et un nœud est fait à chaque bout autour d'un mouchoir. Ainsi, il n'y aura pas de risque de confusion. Aucune réaction de la part des Allemands. L'officier revient à la nage, la cordelette est récupérée et le groupe rentre au P.C. du *3rd Monmouthshire* où le lieutenant-colonel Galloway les attend. La cordelette est tendue dans la cour et la distance entre les deux nœuds est mesurée : 23,5 mètres.

A **8 h 30**, Galloway envoie une section de sapeurs pour commencer à dégager la route qui mène au pont. Les Allemands ne réagissent pas quand les sapeurs commencent à travailler mais une mitrailleuse ouvre le feu cinq minutes plus tard. Deux hommes sont blessés et Galloway rappelle immédiatement la section. Dans ces conditions, il est impossible d'envisager la construction d'un pont.

Les mauvaises nouvelles s'ajoutent aux mauvaises nouvelles et il se confirme bientôt que le *3rd Monmouthshire* est toujours bloqué dans le port et que des éléments de la *29th Armoured Brigade* qui se sont efforcés d'avancer vers l'est ont également échoué. Il est alors décidé d'abandonner le projet d'une attaque vers le nord et le *4th King's Shropshire Light Infantry* reçoit l'ordre d'abandonner la tête de pont.

Le lieutenant-colonel Galloway se rend au Palais des Sports, le P.C. du *4th K.S.L.I.*, pour coordonner l'opération de repli. Les détails de la manœuvre sont arrêtés, les tirs de l'artillerie, les écrans de fumée, le nombre de canots... L'heure H est fixée à 15 h 00. Après avoir prévenu par radio le *612th Field Squadron* de préparer sans tarder tous les canots disponibles, Galloway se rend au P.C. des sapeurs où il arrive vers 14 h 00. Le nombre de canots disponibles se monte à 18 mais après inspection, 15 seulement s'avèrent utilisables. Quatre navettes sont organisées, trois de quatre canots, et une de trois. L'opération a pris du retard, aussi bien du côté du génie que du côté de l'artillerie, et à 14 h 30 il est décidé de reporter l'heure H à 15 h 30.

A **15 h 30**, sous le couvert d'un violent barrage d'artillerie qui tient les Allemands à couvert, les quatre premiers canots sont mis à l'eau à Loobroekdok, un coin abrité sur le canal. Les trois autres vagues suivent à une minute d'intervalle. Du fait d'un vent violent, l'eau du canal est agitée et les canots arrivent sur la rive opposée en désordre.

Heureusement, le *4th King's Shropshire Light Infantry* est bien organisé, les blessés sont embarqués d'abord, puis les sections suivent l'une après l'autre, en bon ordre. Les canots reviennent et quatre repartent immédiatement pour une seconde traversée. A **16 h 08**, tous les hommes du *4th King's Shropshire Light Infantry* ont été ramenés sur la rive sud du canal, sans subir de pertes. Pour faire bonne mesure, l'artillerie poursuit ses tirs pendant dix minutes.

La tête de pont de Merxem a coûté 150 hommes, blessés et tués, au *4th King's Shropshire Light Infantry*. Parmi les blessés, le lieutenant-colonel Ivor Reeves, le commandant du bataillon, et le lieutenant R.B. Mullock, le commandant de la *Company B*.

L'échec des tentatives pour pousser au nord d'Anvers est consommé et la *11th Armoured Division* cède bientôt le secteur à la *53rd (Welsh) Division*. Le **9 septembre**, la division passe dans la tête de pont établie par les *Guards* à Beringen et attaque vers Helchteren.

Le 8 septembre, l'échec des tentatives pour avancer vers le nord est consommé et la *11th Armoured Division* cède le secteur d'Anvers à la *53rd (Welsh) Division*. Le lendemain, on voit des soldats du *1st East Lancashire Regiment, 158th Brigade*, au pont de Strasbourg (Straatsburgbrug). (IWM.)

## Un rétablissement spectaculaire

En ces heures difficiles, Hitler a rappelé le *General-feldmarschall* Gerd von Rundstedt au poste d'*Ob.West*, commandant en chef à l'Ouest, et von Rundstedt prend ses fonctions le **5 septembre**. Le *Generalfeldmarschall* Walter Model (qui cumulait depuis plusieurs semaines ce poste avec celui de commandant du *Heeresgruppe B*, une tâche impossible) peut ainsi se consacrer au seul commandement du *Heeresgruppe B*. Ce même jour, Hitler reçoit von Rundstedt et lui fait part de sa confiance relativement à la situation à l'Ouest. Les Alliés, dit-il, ont distancé leurs services logistiques et le front va se stabiliser dès que leurs avant-gardes blindées auront été isolées par des contre-attaques...

Le **7 septembre**, von Rundstedt qui s'est installé à Arenberg, près de Koblenz, envoie à l'OKW une première appréciation de la situation : les Alliés concentrent leurs forces devant Aachen (Aix-la-Chapelle) et menacent la Ruhr. Le *Heeresgruppe B* est épuisé et ne dispose que d'une centaine de chars en état de combattre. Il doit, insiste von Rundstedt, recevoir immédiatement des renforts : cinq à dix divisions d'infanterie au moins, avec des bataillons de canons d'assaut et des armes antichars...

Le 4 septembre, un état-major d'armée jusque-là cantonné à des missions d'entraînement à l'est de la France, la *1. Fallschirm-Armee*, est affecté au *Heeresgruppe B*. Commandée par le *General der Fallschirmtruppen* Kurt Student, la *1. Fallschirm-Armee* est sans tarder chargée du secteur d'Anvers à Maastricht, entre la *15. Armee* à droite et la *5. Panzer-Armee* à gauche. En fait, Student n'arrive avec rien d'autre que son état-major. Dans un premier temps, il recrute des unités en retraite qui passent dans le secteur, puis le *LXXXVIII. Armee-Korps* lui est subordonné avec ses deux divisions qui se trouvent en Hollande. Lui sont alors affectés des groupes à l'entraînement aux Pays-Bas et diverses unités jusque-là chargées de la sécurité dans le nord de la France, en Belgique et même en Alle-

Photos ci-dessus : après la retraite précipitée des quinze derniers jours d'août, les Allemands sont en train de se rétablir sur l'estuaire de l'Escaut, le canal Albert, puis le *Westwall* et la Moselle. A 25 km de Bruges, Tielt est l'un des plus importants carrefours sur les axes de repli de la *15. Armee* : rue Saint-Jans, un habitant a discrètement pris ces photos depuis sa fenêtre. Dans quelques jours, le 8 septembre, les chars polonais vont arriver et deux compagnies du *Gren.Rgt. 745, 712. Infanterie-Division*, vont se cramponner à Tielt toute la matinée. (Via P. Taghon.)

magne. Enfin, les *3.*, *5.* et *6. Fallschirm-Jäger-Divisionen* lui sont subordonnées : après les combats en France et la difficile retraite, elles n'ont de division que le nom et ne seront pas considérées comme de nouveau aptes au combat avant novembre. Malgré ces immenses difficultés, Student réussit en quelques jours à improviser une ligne de défense convaincante, sinon solide, sur la ligne du canal Albert.

De son côté, la *15. Armee* s'est attachée à ramener ses unités encore à l'ouest de l'Escaut dans la « Festung » Walcheren. Sous la menace constante d'une poussée des chars britanniques d'Anvers vers Walcheren, le *LXXXIX. Armee-Korps* gère le repli au travers de l'estuaire de l'Escaut. Tandis que la *712. Infanterie-Division* tient le secteur à l'est du canal Terneuzen-Gand pour bloquer les attaques que pourraient lancer les avant-gardes britanniques, la *70. Infanterie-Division* tient le secteur de Breskens à Terneuzen. La *59. Infanterie-Division* embarque et traverse l'estuaire du 14 au 16 septembre puis la *712. Infanterie-Division* se retire dans la nuit du 19 au 20 septembre à l'ouest du canal et embarque. Le 22 septembre, quand les derniers éléments ont été évacués, les arrière-gardes de la *70. Infanterie-Division* embarquent à leur tour.

Ainsi, avec l'aide des bâtiments de la *1. Sicherungs-Division* pressés par l'énergique *Kapitän zur See* Hermann Knuth, la *15. Armee* fait passer l'estuaire à près de 90 000 hommes, plus de 6 000 véhicules, 6 200 chevaux, 620 canons... C'est un remarquable succès, succès que l'attentisme des Alliés a rendu possible. Pour le brio dont il a fait preuve avec le peu de moyens à sa disposition, Knuth recevra la Croix de chevalier le 29 septembre.

Ci-dessus et page ci-contre en bas : A Nivelles, située à 30 km au sud de Bruxelles, M. O. Sanspoux a pris ces photos de convois allemands, d'abord des pontonniers puis des ambulances, immobilisés devant la Collégiale. Bombardée par la *Luftwaffe*, celle-ci a brûlé en 1940.

Ci-dessous : Au centre de Nivelles, M. O. Sanspoux a pris cette autre photo des convois allemands qui traversent la ville, ici la place Emile de Lalieux.

(Via P. Taghon.)

Un convoi circule sur la grande route entre Nivelles et Tongres (peut-être via Wavre, Tirlemont et Saint-Trond), ce qui n'est pas sans risque. En effet, les avions alliés peuvent surgir à chaque instant et mitrailler le convoi, comme le montrent ces véhicules qui achèvent de se consumer sur le bord de la route. (ECPArmées.)

## Echec à Anvers !

L'échec de la *2nd British Army* à Anvers est grave de conséquences stratégiques. Alors que ce port, de grande capacité et à proximité immédiate du front, allait pouvoir régler les problèmes posés par la logistique, l'état-major allié a plus que tardé à s'intéresser à ce secteur. Pendant plus de deux mois, les Allemands vont garder le contrôle de l'estuaire de l'Escaut et bloquer ainsi l'accès au port d'Anvers. Sa capture dès le 4 septembre n'a servi à rien !

Le commandant du *XXX Corps*, le *Lieutenant-General* Horrocks, a écrit après la guerre que ne pas engager la *11th Armoured Division* à contourner Anvers pour franchir le canal Albert et pousser vers Walcheren via Woensdrecht et Goes avait été « *une faute sérieuse* ». Les blindés auraient ainsi bousculé les forces allemandes avant qu'elles ne s'établissent plus solidement sur les berges de l'Escaut... Il a reconnu que lui-même avait le regard « *tourné vers le Rhin* » et que tout le reste lui paraissait alors secondaire. « *Il ne m'est pas venu à l'esprit que l'Escaut pouvait être minée, ni que nous serions incapables d'utiliser le port d'Anvers tant que le chenal n'aurait pas été dragué et que les Allemands n'auraient pas été chassés des deux rives de l'estuaire. Je ne pouvais imaginer que les Allemands parviendraient à évacuer de Breskens à Vlissingen une grande part des troupes acculées à l'estuaire de l'Escaut.* »

Incontestablement la responsabilité de cet échec incombe tout particulièrement à Montgomery qui ne s'intéresse alors qu'au coup « décisif » qu'il tient à porter personnellement. Il prétendra après la guerre que la pénurie de carburant avait empêché l'opération... Force également est de constater qu'Eisenhower partage la responsabilité de la maldonne et le 10 septembre, pour ne pas distraire des forces de l'opération « Market-Garden », il va accepter de retarder encore le nettoyage du secteur au nord d'Anvers.

Le 17 septembre, tandis que la *2nd British Army* se concentre pour lancer l'opération « Garden » vers Arnhem, la *1st Canadian Army* prend le secteur d'Anvers en charge. Le *II Canadian Corps* se déploie sur la gauche, avec la *2nd Canadian Infantry Division* à Anvers même, et sur la droite, le *I British Corps* a reçu l'ordre de se déployer « aussi vite que possible » jusqu'à Turnhout et Tilburg.

En fait, ce n'est que le 1er novembre que vont commencer les opérations de dégagement de l'estuaire de l'Escaut. Le 28 novembre, trois mois après la prise du port d'Anvers, un premier convoi de navires marchands remonte l'estuaire enfin dégagé de ses mines.

Les opérations de dégagement de l'estuaire de l'Escaut ne commenceront pas avant le 1er novembre. Ce n'est qu'à la fin du mois, trois mois après la prise du port lui-même, qu'un premier convoi de navires marchands pourra remonter l'estuaire enfin dégagé de ses mines.

## 11

# La libération des ports

## Le Havre, opération « Astonia »

Dès le 2 septembre, les avant-gardes du *I British Corps* sont au contact des défenses du Havre. Le 4, après s'être saisi de Saint-Valéry-en-Caux, sans difficulté car le port a été abandonné par les Allemands, la *51st (Highland) Division* revient vers l'ouest et rejoint la *49th (West Riding) Division*. Il est clair que les Allemands sont bien décidés à tenir le port et un important appui naval et aérien est préparé, ce qui prend du temps, près d'une semaine.

Le commandant de la « Festung Le Havre » est l'*Oberst* Eberhard Wildermuth. Il estime que les forces sur lesquelles il peut compter se montent à 8 000 hommes. Cette garnison est constituée principalement de deux bataillons du *Gren.Rgt. 1041* de la *226. Infanterie-Division*, du *Füs.Btl. 226* de la même division et d'un bataillon du *Gren.Rgt. 936* de la *245. Infanterie-Division*. Les batteries côtières, dont celle du Grand Clos armée d'une pièce de 380 mm et de deux de 170 mm, ne peuvent tirer que vers la mer, mais les défenseurs du Havre disposent de plus de quarante pièces d'artillerie et d'une trentaine de canons antiaériens. Wildermuth semble n'avoir pu armer et engager qu'une partie de la garnison retranchée au Havre : en effet, s'il a déclaré avoir disposé de 8 000 hommes, le nombre de soldats allemands faits prisonniers au Havre se montera à plus de 11 000.

La *Festung* du Havre est bordée à l'ouest par la Manche, au sud par la Seine et à l'est par la rivière Lézarde, mais la ligne des défenses faisant face à l'intérieur des terres est encore incomplète : constituée d'un fossé antichar et de nombreux champs de mines et barbelés, elle se déroule d'abord sur la Lézarde jusqu'à Montivilliers, puis tourne vers l'ouest pour rejoindre la côte près d'Octeville.

Même si une grande part de la population a évacué la ville, près de 40 000 civils sont encore au Havre, et 20 000 aux alentours.

Les Britanniques prennent contact par mégaphone le **3 septembre** : rendez-vous à 21 h 00. La rencontre a lieu, les Britanniques demandent aux Allemands de se rendre et les Allemands demandent l'évacuation des civils restés dans la *Festung*, près de 60 000. Le lendemain matin, à la fin de l'ultimatum, les Allemands font savoir qu'ils ne se rendront pas et les Anglais rétorquent qu'ils refusent de laisser sortir les civils.

Dès le **5 septembre**, le monitor HMS Erebus ouvre le feu sur les défenses allemandes avec ses canons de 380 mm. La batterie du Grand Clos réplique et touche le navire britannique qui se retire pour réparer les dégâts. Le *Bomber Command* lance ce même jour son premier raid, un raid destiné à convaincre les Allemands de se rendre. Entre 18 h 00 et 20 h 00, 335 bombardiers larguent près de 1 900 tonnes de bombes sur le centre de la ville, là où il n'y a aucun Allemand. Plus de 2 000 civils sont tués. L'histoire officielle d'Outre-Manche écrit que ce quartier a été attaqué « *parce qu'on pensait que s'y trouvait le P.C. de la garnison* ». Sur le terrain, certains sont mal à l'aise et disent ce qu'ils pensent du refus d'évacuer les civils à la veille d'un bombardement d'intimidation. Ainsi, le capitaine Douglas Home, qui va jusqu'à refuser de se battre, est mis au arrêt et jugé. Il sera dégradé et condamné à un an de travaux forcés.

Nouveau raid du *Bomber Command* dans la nuit du 6 au 7, puis d'autres suivront le 8 et le 9 septembre. Au total, avant même le début de l'attaque sur la *Festung*, les bombardiers de la RAF ont largué près de 4 000 tonnes de bombes sur la ville et les alentours.

Pendant ce temps, le *I British Corps* a méthodiquement poursuivi son déploiement et le 9 septembre, tout est prêt. Après qu'un nouveau raid du *Bomber Command* et les tirs des bâtiments de la *Royal Navy* auront écrasé les positions allemandes, les deux divisions vont partir à l'assaut : la *49th (West Riding) Division* sur la gauche d'abord, avec la *34th Tank Brigade*, pour prendre le plateau au sud-ouest de Montivilliers, puis la *51st (Highland) Division*, avec la *33rd Armoured Brigade*, va s'engager sur la droite. Le mauvais temps oblige à reporter l'attaque au **10 septembre**.

L'opération commence au matin, à 8 h 00, par un raid du *Bomber Command* (60 avions) sur la batterie du Grand Clos, puis le HMS *Erebus* et le cuirassé HMS *Warspite* prennent les batteries allemandes à partie. Le premier va tirer 130 obus de 380 mm dans la journée, le second plus de trois cents. L'artillerie du *I British Corps*, très nombreuse, s'en prend systématiquement aux batteries et positions allemandes. L'*Oberst* Wildermuth dira plus tard que les dommages causés aux positions allemandes l'ont été par les tirs de l'artillerie, beaucoup plus efficaces que les bombardements aériens ou les tirs des cuirassés.

Une nouvelle série de raids aériens commence à 16 h 15 (900 avions et 4 700 tonnes de bombes au total) et l'attaque commence une heure et demie plus tard, dès la fin des bombardements. Précédés des *Crabs* du *22nd Dragoons*, la *56th Brigade* passe les champs de mines et s'empare du plateau au sud-ouest de Montivilliers et de ponts sur la rivière Fontaine. Cette avance a été grandement facilitée par l'usage des engins blindés spécialisés de la *79th Armoured Division* : les *Crabs* (des chars *Sherman* équipés d'un système de fléaux rotatifs à l'avant, fléaux qui frappent le sol afin de faire exploser les mines), mais aussi les chars AVRE (des chars *Churchill* armés d'une bombarde lançant d'énormes charges de 20 kilos à courte distance ou d'autres portant de colossales fascines pour combler les fossés antichars ou d'autres encore portant une rampe de pont de neuf mètres de long), des *Crocodiles* (chars *Churchill* armés d'un lance-flammes) et des *Kangaroos* (d'anciens chars démunis de leur tourelle et utilisés comme transport de troupes). A minuit, au « clair de lune artificiel » (des projecteurs éclairent les nuages qui diffusent la lumière), la *51st (Highland) Division* avance à son tour au nord de la forêt de Montgeon.

Nouvelle attaque du *Bomber Command* (171 avions sur cibles) au matin du **11 septembre**, et l'attaque se poursuit, appuyée dans la journée par de nombreux raids de *Typhoons* lançant des fu-

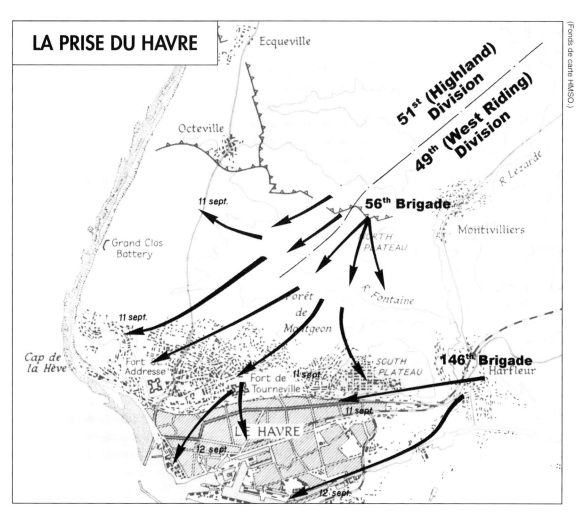

# LA PRISE DU HAVRE

*(Fonds de carte HMSO.)*

Le 12 septembre, les forces du *I British Corps* entrent au Havre. Descendant de Sanvic, des *Carriers* du *Gloucester Regiment, 51st (Highland) Division*, viennent de passer le carrefour des Quatre Chemins. Noter qu'un drapeau américain est accroché à une façade. (IWM.)

Appuyés par des *Churchill*, des fantassins britanniques réduisent un îlot de résistance allemand devant le lycée de jeunes filles du Havre. (DR.)

Au nord de la *Festung* de Boulogne, à la Trésorerie, la batterie « Friedrich August » déploie trois canons de 305 mm sous casemates de béton. Le *North Shore Regiment* attaque ces positions le 18 septembre et la batterie « Friedrich August » est bientôt prise. Un soldat s'est installé sur un canon de la batterie pour une photo souvenir. Noter les filets d'acier qui contribuent au camouflage mais qui servent surtout à protéger les servants des éclats d'obus et de bombes. (DR.)

sées. A la *49th (West Riding) Division*, tandis que la *146th Brigade* attaque à l'est, prend Harfleur et entre au Havre, la *56th Brigade* atteint le fort de Tourneville et Sanvic. Sur la droite, la *51st (Highland) Division* a traversé la forêt de Montgeon, pris Doudenéville et Octeville et est au pied du fort de Sainte-Adresse.

La bataille reprend au matin du 12, le fort de Tourneville est pris et vers midi, son P.C. menacé par des chars du *7th Royal Tanks*, le colonel Wildermuth, blessé, se rend. Le dernier point de défense organisée, le fort de Sainte-Adresse cède vers 17 h 00. Le nombre de prisonniers enregistrés est de 11 302.

Pour en interdire l'utilisation aux Alliés, les Allemands ont fait sauter les installations du port et ce n'est pas avant le 9 octobre que des bâtiments pourront accoster au Havre. Toutefois, dès le 13 septembre, des barges de débarquement s'échouent sur la plage pour amener des jerrycans de carburant.

## Boulogne, opération « Wellhit »

Malgré l'impatience de Montgomery, Crerar prépare posément les opérations à Boulogne et Calais. Le 9 septembre, il confirme au *II Canadian Corps* que « si aucune faiblesse n'est trouvée dans les défenses des ports », il faudra alors se préparer à une attaque en règle, avec appui de l'artillerie et de l'aviation. Le 13, Crerar écrit à Montgomery qu'il préfère que le *II Canadian Corps* prenne « *un peu plus de temps si cela est nécessaire pour monter une attaque décisive* ».

L'artillerie et les unités blindées qui viennent d'opérer au Havre sont amenées à Boulogne, l'appui de l'aviation est organisé lors d'une réunion au plus haut niveau avec la RAF, et le *II Canadian Corps* est enfin prêt le **17 septembre**. Pour soutenir ses attaques, la *3rd Canadian Division* dispose des chars du *10th Armoured Regiment (Fort Garry Horse)*, de trois groupes de la *31st Tank Brigade* et de nombreuses batteries d'artillerie canadiennes et britanniques, plus de 320 pièces au total.

La garnison allemande de Boulogne, près de 10 000 hommes, est constituée principalement de bataillons de forteresse, des unités de second rang donc, renforcés d'artilleurs de la *64. Infanterie-Division*. Les défenseurs disposent d'une vingtaine de canons de 88 mm, d'une dizaine de canons de 105 mm et de canons antichars. Le commandant de la « Festung Boulogne », le *Generalleutnant* Ferdinand Heim, a déployé sa ligne de défense sur les hauteurs qui entourent la ville : de Nocquet à Herquelingue au sud, au Mont-Lambert et au Bon-Secours à l'est, la Trésorerie et le fort de la Crèche au nord. Du 11 au 13 septembre, Heim a fait évacuer près de 8 000 civils hors du périmètre de défense.

Dans les derniers jours avant l'attaque, les bombardiers et les chasseurs-bombardiers de la *2nd Tactical Air Force* ont lancé une cinquantaine d'attaques sur les positions de défense allemandes. Au matin du 17 septembre, les *Lancaster* et *Halifax* du *Bomber Command* écrasent sous leurs bombes les positions du secteur du Mont-Lambert et après une heure et demie de bombardement, les Cana-

Ci-dessus : Le 22 septembre, après un nouveau raid du *Bomber Command*, le *Generalleutnant* Heim capitule ce même jour à 16 h 30 avec la garnison du Portel. Il a fallu six jours pour venir à bout de la forteresse de Boulogne et près de 10 000 hommes ont été faits prisonniers. (Archives nationales du Canada.)

Ci-dessous : Après s'être rendu, le *Generalleutnant* Ferdinand Heim va donner l'ordre à la dernière batterie tirant encore de cesser le feu. On le voit ici avant que le *Brigadier-General* Rockingham, commandant la *9th Brigade*, ne lui tende le micro pour qu'il lance son appel par haut-parleur. Il ne sera pas écouté et la position devra finalement être réduite en faisant appel à des lance-flammes. (DR.)

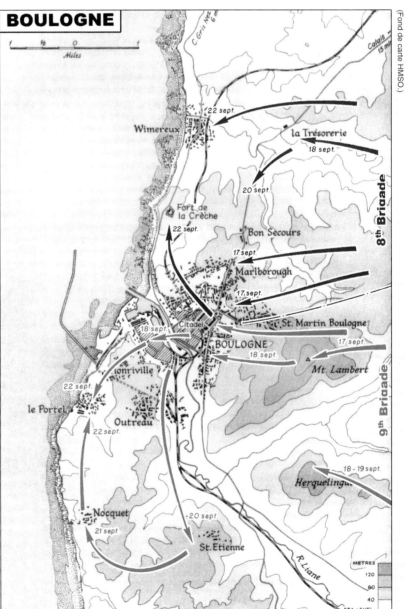

diens attaquent, avec la *9th Brigade* sur la gauche et la *8th Brigade* sur la droite. Le *Bomber Command* lance un nouveau raid dans la matinée, cette fois au sud du périmètre. Ce 17 septembre, 700 bombardiers lourds du *Bomber Command* ont largué près de 3 400 tonnes de bombes sur les défenses de Boulogne. Ces bombardements n'ont pas l'efficacité escomptée : souvent, les avions ont bombardé des batteries ou des positions qui n'existaient pas...

L'avance se poursuit néanmoins, avec l'appui de chars AVRE et de *Crocodiles*. Les positions du Mont-Lambert sont prises le 18, de même que la citadelle, et celles de la Trésorerie le 19. Le port est pris le 21, de même que toute la partie nord de la ville. Le fort de la Crèche se rend au matin du 22, après un nouveau raid du *Bomber Command*, et le *Generalleutnant* Heim capitule à 16 h 30 avec la garnison du Portel. Il a fallu six jours pour venir à bout de la forteresse de Boulogne.

Les Allemands ont détruit les installations du port et coulé des navires pour bloquer l'entrée. Le port de Boulogne ne sera pas remis en service avant le 12 octobre.

## Calais, opération « Undergo »

Tandis que le gros de la *3rd Canadian Division* se déployait devant Boulogne, la *7th Infantry Brigade* a poussé plus avant pour investir Calais et le secteur du cap Gris-Nez où se trouvent établies de nombreuses batteries d'artillerie lourdes : la batterie « Lindemann » à Sangatte (trois canons de 406 mm), la batterie « Grosser Kürfurst » à Framzelle (quatre canons de 283 mm) et la batterie « Todt » à Haringzelles (quatre canons de 380 mm). A noter également une batterie de trois canons de 170 mm au cap Gris-Nez.

Dans la nuit du **16 au 17 septembre**, les Canadiens tentent de s'emparer des batteries du cap Gris-Nez, sans succès, et la *7th Infantry Brigade* se concentre alors sur Calais, laissant au *7th Reconnaissance Regiment* le soin de maintenir la pression.

Au sud et à l'ouest, les défenses de la *Festung* Calais s'appuient largement sur des inondations, mais deux points d'appui ont été construits sur des hauteurs à Noires Mottes et Vieux Coquelles. La garnison de la forteresse, près de 7 500 hommes, comprend peu de fantassins (à peine 2 500, entre autres des éléments du *Gren.Rgt. 1041* de la *226. Infanterie-Division*), les autres étant des marins et des servants de batteries de *Flak*. A l'exception de ces derniers, ces hommes sont âgés, fatigués et sans grand moral. Le commandant de la forteresse est l'*Oberstleutnant* Ludwig Schröder. Quant aux batteries du cap Gris-Nez, elles sont tenues par la *Marine-Artillerie-Abteilung 242* du *Korvettenkäpitan* Kurt Schilling, et comptent près de 1 600 hommes au total.

Le **20 septembre**, la prise de Boulogne étant acquise, le *Bomber Command* se tourne vers Calais : ce jour, près de 630 bombardiers lancent plus de trois mille tonnes de bombes sur les défenses allemandes près du cap Blanc-Nez. Dès la chute de Boulogne, après le 22, la *3rd Canadian Division* se déploie autour de la forteresse de Calais et les batteries d'artillerie déployées à Boulogne sont rapidement mises en batterie.

Le *Bomber Command* attaque de nouveau le 24 (188 bombardiers) et le 25 (plus de 300 avions, mais 600 autres ont fait demi-tour du fait du mauvais temps) et dès la fin du bombardement, à 10 h 15, les Canadiens partent à l'assaut. Sur la gauche, la *8th Brigade* attaque vers le cap Blanc-Nez, sur la droite, la *7th Brigade* vers Sangatte et Coquelles. Au matin du 26, après un nouveau raid du *Bomber Command* (191 appareils), des éléments du *North Shore Regiment* prennent la batterie « Lindemann » et atteignent la côte. Sa mission accomplie, la *8th Brigade* se retire pour aller se déployer de l'autre côté du périmètre allemand, à l'est de Calais.

Le *Bomber Command* attaque encore le 27, après que les troupes au sol se soient retirées pour ne pas prendre de risques, (340 *Lancaster* lancent 1 700 tonnes de bombes), et les Canadiens prennent le fort Lapin et le fort Nieulay. Nouveau raid aérien au matin du 28 (194 avions) et les Allemands demandent un armistice pour évacuer les civils : une trêve est acceptée jusqu'au 30 à midi et des milliers de civils évacuent alors Calais par les routes vers l'est.

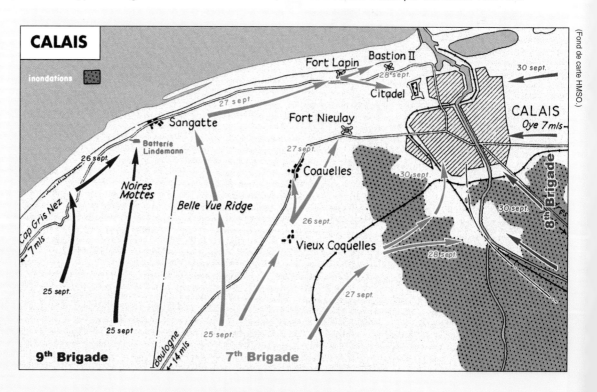

Lors de sa progression, la *1st Canadian Army* va s'emparer des puissantes batteries côtières allemandes du Pas-de-Calais, telle la batterie « Lindemann » implantée à Sangatte et que l'on voit ci-contre pendant l'Occupation en cours de construction. (BA.)

Cette trêve a achevé de démoraliser les défenseurs allemands et quand les Canadiens repartent à l'attaque dans l'après-midi du 30, la résistance s'effondre. Le *1st Canadian Scottish* prend le bastion 11 et la citadelle et commence à nettoyer la partie nord de la ville. Partout, les Allemands se rendent sans combattre. A 19 h 00, au sud-est de la ville, l'*Oberstleutnant* Ludwig Schröder se rend au commandant du *Cameron Highlanders of Ottawa*, le lieutenant-colonel P.C. Klaehn. Les derniers défenseurs se rendent le lendemain matin. Il a fallu six jours pour venir à bout de la forteresse de Calais.

Les Allemands ont systématiquement détruit le port et ses équipements et il ne sera pas remis en état avant la fin novembre.

Pendant ce temps, la *9th Brigade* s'est occupée des batteries côtières du cap Gris-Nez. Là encore, le *Bomber Command* n'a pas ménagé ses efforts et ses bombardiers ont écrasé les positions allemandes sous leurs bombes, 3 000 tonnes le 20, encore 3 000 tonnes le 26 et 850 tonnes le 28. Deux bataillons attaquent le 29 au matin, avec l'appui de chars, le *Highland Light Infantry of Canada* sur la droite, vers la batterie « Grosser Kürfurst » et la batterie du cap Gris-Nez, le *North Novia Scotia Highlanders* sur la gauche, vers la batterie « Todt » et le P.C. de la *Marine-Artillerie-Abteilung 242* à Cran-aux-Œufs. Vers 10 h 00, alors que les soldats canadiens sont déjà sur la casemate, un des canons de la batterie « Grosser Kürfurst » tire comme par défi un dernier obus en direction de Douvres. A midi, les derniers Allemands se rendent.

## La « Festung Dunkerque »

Après s'être réorganisée près de Dieppe conformément aux plans du *II Canadian Corps*, la *2nd Canadian Division* reprend son avance le **6 septembre**. Dans les deux jours qui suivent, elle investit Dunkerque, avec la *5th Brigade* à l'ouest et la *6th Brigade* à l'est. Dans le même temps, la *4th Brigade* poursuit vers **Ostende** et s'en saisit le **9 septembre**. Ostende n'était pas citée dans la directive de Hitler du 4 septembre et les Allemands n'ont rien fait pour défendre la ville. Néanmoins, ils ont procédé à d'importantes destructions et ce n'est pas avant le 28 septembre que les premiers navires pourront accoster à Ostende.

A partir du 12 septembre, on l'a vu, la priorité est donnée à l'ouverture du port d'Anvers. Montgomery presse la *1st Canadian Army* dans ce sens et le 13, il demande à Crerar si l'abandon des opérations contre Calais et Dunkerque pourrait permettre l'accélération des opérations de dégagements de l'embouchure de l'Escaut. Le 14 septembre, il précise ce qu'il attend désormais de la *1st Canadian Army* : mener à terme la prise de Boulogne et Calais, dans cet ordre ; ne rien entreprendre à Dunkerque et se contenter d'en surveiller le périmètre ; s'attacher, avec la plus grande énergie, aux opérations qui vont permettre de dégager dans les meilleurs délais l'accès au port d'Anvers.

Les forces alliées vont donc se contenter de contenir Dunkerque, sans plus, et il en sera ainsi jusqu'en mai 1945.

Du côté allemand, Dunkerque a été érigée au rang de forteresse sous le commandement du *Generalleutnant* von Kluge, le commandant de la *226. Infanterie-Division*. La garnison de la *Festung* compte un peu plus de 10 000 hommes : des éléments de la *59. Infanterie-Division*, d'autres de la *226. Infanterie-Division* et diverses unités de la *Luftwaffe* et de la *Kriegsmarine*. A la fin de septembre, le *Vizeadmiral* Friedrich Frisius remplace von Kluge au poste de « Festungskommandant ». Episodiquement, la garnison encerclée est ravitaillée de nuit, notamment par des sous-marins de poche de type « Seehund »...

Le 16 septembre, la *2nd Canadian Division* est relevée à Dunkerque par la *4th Special Service Brigade* et rejoint le secteur d'Anvers. Le 26, le *II Canadian Corps* est relevé à son tour et l'encerclement de Dunkerque passe aux ordres directs de la *1st Canadian Army*. Entre le 3 et le 6 octobre, une trêve est arrangée, trêve qui permet l'évacuation de 17 500 civils...

Les chefs américains impliqués dans les opérations de la poursuite alliée en septembre : le général Omar Bradley, commandant du *12th Army Group* (ci-contre en haut à droite), le *Lieutenant-General* Courtney H. Hodges (ci-dessus), chef de la *1st US Army*, et le *Lieutenant-General* George S. Patton (ci-contre au milieu), chef de la *3rd US Army*. (DR.)

## La logistique impose de nouveau sa loi

La course poursuite des armées alliées a duré dix jours. La *2nd British Army* a avancé de 400 kilomètres depuis la Seine, pris Bruxelles et Anvers, avec les installations du port pratiquement intactes. La *1st US Army* a progressé de 320 kilomètres, libéré Liège et Luxembourg et atteint la frontière allemande. Sur la gauche, la *1st Canadian Army* a pris Dieppe et va se saisir du Havre dans les prochains jours. Sur l'aile droite, la *3rd US Army* est sur la Moselle. Au soir du 10 septembre, les premiers contacts vont être établis entre « Overlord » (le débarquement en Normandie) et « Anvil » (le débarquement en Provence) : sur la droite de la *3rd US Army*, la 1re Armée Française et la *7th US Army* vont prolonger le front jusqu'à la Suisse...

Le débat « un front étroit ou un front large ? » a repris de plus belle au début de septembre. Le 4, Eisenhower a envoyé une nouvelle lettre d'orientation stratégique : il confirme la priorité donnée à l'attaque vers la Ruhr, attaque simultanée au nord et au sud des Ardennes, mais il permet dans le même temps à Patton d'attaquer vers l'est pour *« prendre le secteur de la ligne Siegfried qui couvre la Sarre et se saisir de Frankfurt »*. L'attaque de la *3rd US Army* pourra démarrer dès que l'approvisionnement « adéquat » du *21st Army Group* et de la *1st US Army* aura été assuré.

Le **4 septembre** au soir, Montgomery écrit à Eisenhower. *« Je considère que nous sommes maintenant dans la situation où une attaque puissante et décidée en direction de Berlin aurait toutes les chances de succès et mettrait fin à la guerre »*. Pour être certain d'être compris, il ajoute *que « si nous choisissons un compromis et que nous partageons en conséquence nos ressources logistiques, aucune de nos attaques ne sera suffisamment puissante et la guerre en sera prolongée »*. Pour lui, nul doute que certains secteurs du front doivent désormais rester statiques.

Le lendemain, **5 septembre**, Eisenhower répond que s'il partage l'idée d'une puissante attaque vers Berlin, il pense que cela ne peut être fait

Septembre 1944 : le maréchal Montgomery, chef du *21st Army Group*, prépare l'opération « Market Garden ». (DR.)

156

pour le moment. Au contraire, écrit-il, il faut exploiter les récents succès et franchir le *Westwall* et le Rhin sur un large front et prendre la Ruhr et la Sarre. Une telle attaque va faire peser une forte pression sur les maigres forces allemandes déployées à l'ouest et préparer ainsi « la grande attaque finale ». Il faut par ailleurs ouvrir les ports du Havre et d'Anvers qui « *sont essentiels pour permettre une attaque puissante en Allemagne* ». Eisenhower affirme enfin que, même si elles étaient toutes affectées à une attaque vers Berlin, les ressources logistiques disponibles pour l'instant seraient insuffisantes pour porter cette attaque jusqu'au bout.

Notons que même si les projets de Montgomery avaient été parfaitement viables sous leurs aspects logistiques et tactiques, Eisenhower n'aurait pu les accepter pour un plan politique : en effet, le public américain n'aurait pas accepté de voir la *3rd US Army* être simplement arrêtée alors que Patton venait d'avancer à une vitesse record.

Le **7 septembre**, Montgomery revient à la charge et demande à Eisenhower de reconsidérer sa position, affirmant « *qu'une stricte ré-attribution de toutes nos ressources, unités de combat comme logistiques, pourrait permettre à une attaque unique d'aller jusqu'à Berlin* ». Dans cette même note, il affirme qu'avec un seul port du Pas-de-Calais en service, 2 500 camions supplémentaires et un complément journalier de 1 000 tonnes amenées par air, il se fait fort d'atteindre la Ruhr « *et finalement Berlin* ». C'est dans cette optique qu'il précise le 9 septembre les priorités qu'il donne à la *1st Canadian Army* : en un, la prise de Boulogne ; en deux, la prise de Dunkerque et le nettoyage de la poche allemande qui subsiste au nord de Gand ; ce n'est qu'en dernière priorité qu'il demande « *de préparer et de mener à bien la prise des îles qui contrôlent l'accès à Anvers* ». Montgomery est plus qu'optimiste et les calculs des experts du SHAEF le démontrent bientôt : pour pousser trois corps d'armée jusqu'à Berlin à la fin septembre, il faudrait que le port d'Anvers et ceux du Pas-de-Calais soient capables de délivrer 7 000 tonnes par jour et que les compléments amenés par air se montent à 2 000 tonnes.

Le **10 septembre**, Montgomery et Eisenhower se rencontrent à Bruxelles, cela pour la première fois depuis le 26 août (Eisenhower s'est en effet démis le genou, ce qui l'a immobilisé pour un temps à son P.C. de Granville). Eisenhower insiste sur l'importance qu'il y a à ouvrir rapidement le port d'Anvers (« *Je lui dis que ce que je veux au nord c'est le port d'Anvers en fonctionnement* » écrira-t-il dans « Crusade in Europe ») mais Montgomery n'y accorde que peu d'importance. Il est convaincu qu'il peut aller jusqu'à Berlin avec les approvisionnements débarqués en un seul port du Pas-de-Calais et il insiste au contraire sur l'urgence qu'il y a à établir d'une tête de pont sur le Rhin. Il propose alors son plan : lancer trois divisions aéroportées pour prendre les ponts à Son, Veghel, Grave, Nimègue et Arnhem (opération « Market ») et ouvrir ainsi la voie aux blindés de la *2nd British Army* (opération « Garden »). Eisenhower se laisse convaincre et pour ne pas disperser l'effort, il accepte de retarder encore les opérations qui auraient assurer le contrôle des approches du port d'Anvers.

Le lendemain, **11 septembre**, Montgomery écrit à Eisenhower pour demander qu'une priorité absolue soit donnée à l'opération « Market-Garden », faute de quoi elle devra être retardée. Eisenhower accède à sa demande : il fait immobiliser trois divisions américaines qui viennent d'arriver sur le

Les deux commandants d'armée du *21st Army Group* : ci-dessus le *Lieutenant-General* Miles C. Dempsey, chef de la *2nd British Army*, et le *Lieutenant-General* H.D.G. Crerar, chef de la *1st Canadian Army*, représenté ci-contre par le peintre français Sigismond Wertheimer, dit « Siss ». (DR.)

continent et insiste auprès de Bradley pour que l'approvisionnement livré au *12th Army Group* soit affecté en priorité à la *1st US Army*. Le 13, Montgomery écrit qu'il a « *remporté une grande victoire auprès du SHAEF et que les approvisionnements sont maintenant principalement envoyés pour l'attaque du nord vers la Ruhr* ».

Les opérations à Arnhem, les premières actions de la *1st US Army* contre le *Westwall* et les efforts de la *3rd US Army* pour élargir ses têtes de pont sur la Moselle exigent beaucoup, beaucoup trop, des services logistiques, et à partir du 20 septembre, la pénurie est de nouveau générale.

Le **22 septembre**, à l'occasion d'une conférence de commandement, Eisenhower affirme en préambule que « *l'ouverture d'un nouveau port en eau profonde sur notre flanc gauche est un préalable indispensable à l'attaque finale en Allemagne* ». En conséquence, il faut donner toute priorité au dégagement des approches du port d'Anvers. Dans le même temps, « *la prise de la Ruhr par le nord par le* 21st Army Group *avec le soutien de la* 1st US Army » reste le premier des objectifs des armées alliées et les instructions données à Bradley sont claires : la *3rd US Army* et la *9th US Army* ne devront engager « *aucune opération offensive autre que celles permises par la situation des stocks* ». Le **23 septembre**, Bradley écrit à Patton pour lui dire sans ambages que seule la *1st US Army* pourra désormais être approvisionnée à un niveau lui permettant de lancer une opération d'importance...

En dépit de ces difficultés, l'optimisme est encore de règle. Dans les états-majors, tout le monde pense que le *Westwall* n'est qu'un bluff et qu'il va être forcé en trois jours. Quant au raidissement de la défense allemande, c'est un dernier sursaut. A la mi-septembre, même les plus pessimistes n'auraient pas prédit que le Rhin ne serait pas franchi avant mars 1945...

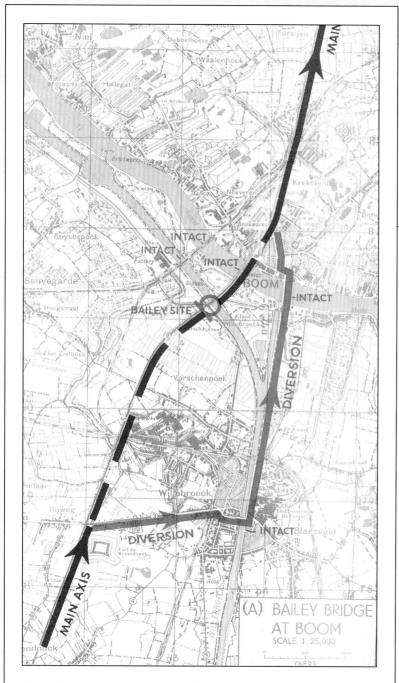

(A) BAILEY BRIDGE AT BOOM
SCALE 1: 25,000

## Les opérations dans le secteur d'Anvers 4-7 septembre 1944

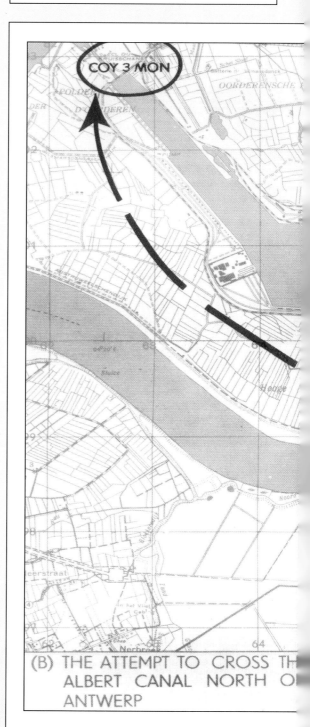

(B) THE ATTEMPT TO CROSS TH ALBERT CANAL NORTH O ANTWERP

Au matin du 4 septembre, vers 8 h 00, quand les chars du *3rd Royal Tanks* approchent de Boom (la flèche rouge MAIN AXIS), le pont sur le canal est intact. Le *Lieutenant* C.B. Radcliffe et une équipe du génie commencent à dégager les abords du pont des mines et des obstacles mais, vers 8 h 30, les Allemands le font sauter. Un lieutenant du génie belge, Robert Vekemans, se manifeste alors et explique aux Britanniques qu'il existe un autre pont sur le canal. Le *Major* John Dunlop se laisse convaincre et un groupe de combat s'avance (la flèche verte DIVERSION), via Willebroek, jusqu'à un pont intact. Le canal franchi, le groupe remonte vers le nord et traverse la rivière Rupel sur un autre pont, intact lui aussi. Se tournant vers le centre ville de Boom, les chars surprennent des Allemands qui s'apprêtent à faire sauter le pont principal sur la rivière Rupel. Les charges sont désamorcées et le pont est pris, intact. Le chemin de contournement (DIVERSION) est étroit et il est décidé vers 13 h 00 de construire un pont Bailey sur le site même du pont du canal détruit par les Allemands (le cercle vert annoté BAILEY SITE). Des colonnes de pontonniers du *13rd Field Squadron* sont dirigées vers le site mais elles doivent d'abord laisser dégager vers l'avant des éléments de la *159th Infantry Brigade* qui emprunte la voie de contournement, ce qui prend du temps du fait de l'étroitesse de cette voie. Les sapeurs arrivent enfin sur le site à 15 h 30 et le travail commence une demi-heure plus tard. Tout se passe bien et le pont, un Bailey classe 40 de 33 mètres de long, est mis en service à 1 h 00 au matin du 5 septembre. Cette carte a été dessinée en 1947 par les *Royal Engineers* pour illustrer un rapport faisant le bilan de leurs opérations « de la Seine au Rhin ».

## La tête de pont de Merxem

Le 4 septembre, vers 14 h 00, les avant-gardes du *3rd Royal Tanks* atteignent Anvers. Surpris par l'irruption des chars britanniques, les Allemands essaient de faire sauter les portes de l'écluse de Kruisschans, un des principaux accès au port, mais ils ne réussissent qu'à l'endommager. Dans la nuit, les Britanniques se refusent à s'engager plus avant mais les résistants prennent le contrôle de la zone portuaire. Au matin du 5, le *3rd Monmouthshire* se déploie dans le port et se saisit de l'écluse de Kruisschans (la flèche rouge COY 3 MON). Il est alors projeté d'engager la *11th Armoured Division* dans une attaque vers le nord et, pour ce faire, il faut établir une tête de pont sur le canal Albert. Cette carte montre les quatre ponts qui passent le canal à Anvers (représentés par des cercles verts) : un pont dans la zone portuaire, un pont ferroviaire, le pont de la route principale vers Breda et un pont à Merxem ; tous sont détruits. Au soir, le *4th King's Shropshire Light Infantry* reçoit l'ordre d'établir une tête de pont à Merxem et pour soutenir cet assaut, deux compagnies du *3rd Monmouthshire* vont progresser sur la gauche, dans la zone portuaire. Trois compagnies du *4th K.S.L.I.* passent le canal dans la nuit, juste à l'aval du pont de Merxem (la flèche annotée ASLT pour ASSAULT) et établissent une petite tête de pont. Dans la zone portuaire, l'attaque du *3rd Monmouthshire* a franchi le canal sur un pont ferroviaire mais elle s'est heurtée à un solide barrage établi sur un autre pont. Le char de tête a sauté sur une mine et il n'a pas été possible de progresser plus avant. Toute la journée du 6 septembre, les Allemands attaquent la tête de pont de Merxem (mouvements et positions marqués en bleu sur cette carte) et au soir, les hommes du *4th K.S.L.I.* sont épuisés et les munitions commencent à manquer. La situation s'aggrave encore le 7 et il est décidé d'abandonner la tête de pont. Le nombre de canots disponibles pour ramener le 4th K.S.L.I. se monte à 15 et quatre navettes sont organisées (ASSAULT BOAT BASE). A 15 h 30, sous le couvert d'un violent barrage d'artillerie, les premiers canots sont mis à l'eau et les trois autres vagues suivent à une minute d'intervalle (EVACUATION). A 16 h 08, tous les hommes du *4th K.S.L.I.* ont été ramenés sur la rive sud du canal. Pour ce qui est de l'écluse de Kruisschans, à noter un raid mené dans la nuit du 15 septembre par un groupe de nageurs de combat allemands : le *Feldwebel* Schmidt et les marins Greten et Ohrdorf placent trois charges contre les portes de l'écluse, charges qui explosent à 5 h 00 au matin du 16 septembre, mais les dégâts causés seront peu importants.

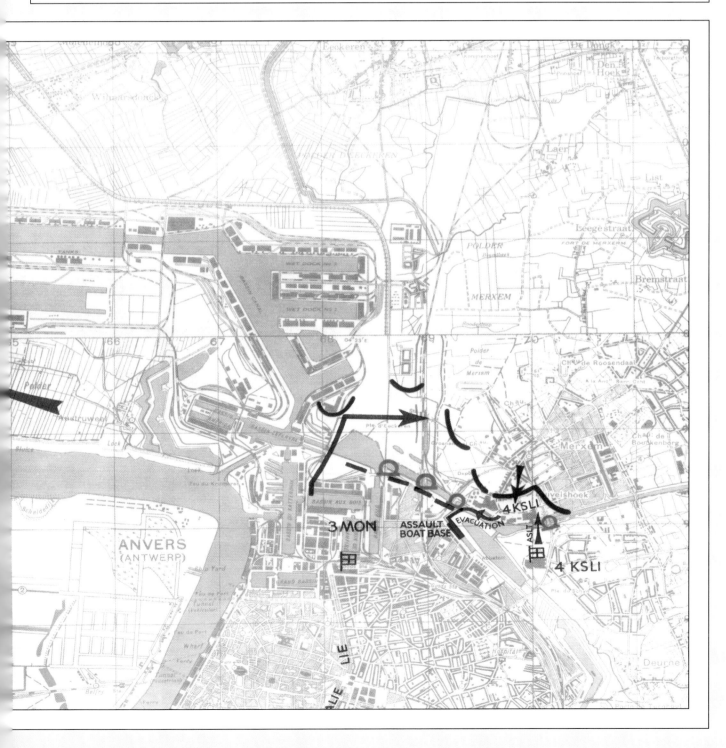

# CALAIS

Lorsqu'ils sont libérés, les ports de la Manche et de la mer du Nord sont pour la plupart très endommagés et vont nécessiter des travaux considérables pour être remis en service. Après la prise de Calais le 1er octobre par la *3rd Canadian Division*, une équipe de reconnaissance du génie fait sans tarder un premier bilan. La zone portuaire est un amas de ruines : les quais ont été dévastés par des séries d'explosions, toutes les grues et les installations techniques sont détruites, la gare maritime, tous les hangars, la station d'énergie sont détruits, les écluses et les ponts tournants sont très endommagés, de même que les jetées...

Une certaine confusion prévaut alors dans les états-majors alliés. Montgomery affirmait il y a peu qu'il pouvait aller jusqu'à Berlin avec les approvisionnements débarqués en un seul port du Pas-de-Calais : Dieppe est déjà rouvert et Boulogne ainsi qu'Ostende vont bientôt l'être. En conséquence, ce n'est pas avant le 22 octobre que la décision est prise de travailler à rouvrir le port de Calais.

Le travail est confié au *Port Construction and Repair Group No. 2*. Les premières priorités données sont d'abord la construction d'un terminal ferroviaire (achevé le 15 novembre), puis la construction de deux rampes pour LST... Suivent la réparation du quai Paul Devot (du 25 octobre au 31 décembre), du quai de la gare maritime (du 7 novembre au 16 mars), du quai Fournier, du quai de la Loire, et la remise en état des deux écluses qui donnent accès au bassin Carnot... A la fin décembre, les équipes du *Port Construction and Repair Group No. 2* sont envoyées aux Pays-Bas et le *Port Construction and Repair Group No. 5* prend le relais à Calais. A la fin mars 1945, quand le *Port Construction and Repair Group No. 2* fait le bilan de cette première remise en état du port de Calais, plus de 412 000 homme/heures ont été investies...

Sur l'avant-port de l'est, le quai de la gare maritime (page ci-contre en haut) est constitué de longues pièces métalliques verticales : les Allemands ont sous-estimé la résistance de ce type de construction et leurs charges explosives n'ont causé que peu de dégâts. Toutefois, les explosions ont déformé les pièces de métal et les sapeurs britanniques vont découvrir qu'un tel quai est plus difficile à remettre en état qu'un quai de maçonnerie effondré. En effet, il faut d'abord enlever les pièces métalliques tordues par les explosions, une tâche difficile. Ensuite, comme les navires risqueraient d'endommager leur coque sur les excroissances qui dépassent du quai déformé, il faut le réaligner sur toute sa longueur en construisant au devant un solide parement en bois. De l'autre côté de l'avant-port de l'est, le quai Paul Devot (page ci-contre en bas) est béant des énormes cratères creusés par l'explosion des charges placées derrière le mur de maçonnerie. Les hommes de la *Port Construction and Repair Company 937* commencent à réparer ce quai le 25 octobre et, à l'exception de deux brèches encore à combler, le chantier est mené à bien le 31 décembre. Le fond du bassin est alors dragué à six mètres. Au fond de l'avant-port de l'est, deux écluses donnent accès au bassin Carnot, l'une de 21 mètres de long, l'autre de 14 mètres. Les Allemands ont mis une attention toute particulière à leur destruction : des charges ont creusé de larges cratères dans les quais, des débris et des épaves encombrent le chenal, les ponts qui passent au-dessus ont été détruits, de même que les portes des écluses... A marée haute et marée basse, le courant est très fort dans les écluses, ce qui complique encore le travail des sapeurs. Les travaux commencent le 18 novembre à l'écluse de 14 mètres (ci-dessus). Les travaux ne seront pas terminés avant le 31 mars 1945 : ils auront alors nécessité près de 73 000 heures de travail. Les mêmes travaux doivent être menés à bien pour l'écluse de 21 mètres (ci-dessous), mais les dégâts y sont encore plus importants. Après 80 000 heures de travail, ils ne sont encore pas terminés le 31 mars 1945.

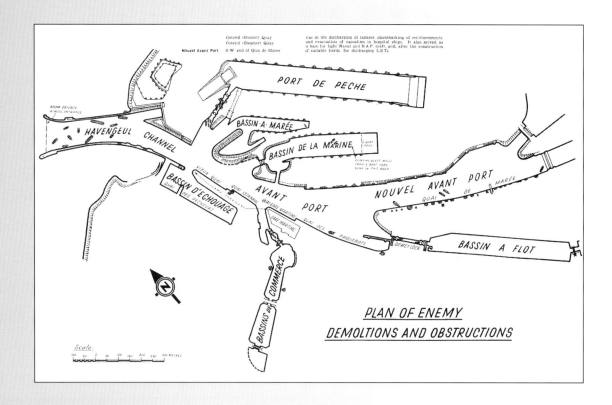

PLAN OF ENEMY
DEMOLTIONS AND OBSTRUCTIONS

# OSTENDE

La *4th Brigade* de la *2nd Canadian Division* se saisit d'Ostende le 9 septembre, mais ce n'est pas avant le 12 qu'une équipe de reconnaissance du génie fait une première inspection dans le port. Un bilan global est achevé quatre jours plus tard, le *Port Construction and Repair Group No. 1* prend la responsabilité du chantier et les travaux commencent le 18 septembre. De nombreux navires ont été coulés dans le chenal d'entrée, ce qui le bloque totalement. Par contre, la destruction des quais n'a pas été systématique : ainsi, alors que certains ont été détruits sur toute leur longueur, comme les quais du port de pêche, d'autres sont pratiquement intacts. C'est le cas pour le quai des paquebots sur l'avant-port : de nombreuses charges ont été mises en place par les Allemands, mais elles n'ont pas sauté.

Tandis que la *Royal Navy* enlève les navires qui bloquent le chenal, les sapeurs s'attachent à réparer les quais les moins endommagés sur l'avant-port et le nouvel avant-port : le vieux quai, le quai Istanbul, le quai de la gare maritime, le quai des paquebots et l'extrémité du quai de marée. En octobre, trois rampes d'accès pour des LST sont construites, l'une dans le port de pêche, l'autre dans le bassin d'échouage, la troisième dans le bassin de la marine. Ensuite, des postes d'amarrage seront construits, l'écluse Demey sera réparée, les débris seront dégagés, des voies d'accès sont aménagées… Un premier navire accoste le 26 septembre, les pétroliers suivent à partir du 29 et le 14 octobre, la capacité du port est de 2 000 tonnes par jour. En mai 1945, quand s'achèvera la première remise en état du port, les hommes du *Port Construction and Repair Group No. 1* ont travaillé plus de 615 000 homme/heures à Ostende...

Les Allemands ont mis un soin particulier à la destruction de l'écluse Demey (page ci-contre en bas) qui donne accès au bassin à flot : ils ont coulé deux vapeurs dans l'écluse, cela de façon à ce que chacun d'eux coule en bloquant l'ouverture des portes, et ils ont détruit le pont tournant de façon à ce qu'il tombe au travers de l'écluse. Commencé le 20 septembre, les travaux de dégagement de l'écluse Demey sont terminés le 30 octobre. Ce schéma montre l'écluse après remise en état, avec les ruines du pont tournant à l'arrière-plan.

A Ostende, certains quais ont été détruits sur toute leur longueur, comme ici le quai du nouvel avant-port (ci-dessus), mais d'autres sont pratiquement intacts comme le quai des paquebots qu'on voit de l'autre côté du bassin. Des appontements de bois ont été construits au devant des ruines du quai dévasté. Ces travaux ont été menés du 10 février au 26 mars 1945.

Dans le bassin de la marine (ci-dessous), sur le quai est, non loin du bunker construit pour abriter les *S-Boote*, des appontements de bois et de frêles passerelles ont été construits pour accueillir de petits bâtiments. Ces travaux ont été menés du 15 mars au 14 mai 1945.

1

2

3

4

## Dunkerque

Après la prise d'Anvers et du Havre, le port de Dunkerque n'a plus vraiment d'intérêt stratégique et il est décidé de ne pas attaquer la « forteresse ». Les forces alliées vont ainsi se contenter de contenir les forces allemandes dans leurs lignes, sans plus, et il en sera ainsi jusqu'en mai 1945.

**1.** Scrutant les positions allemandes à la binoculaire, un officier transmet les informations qui permettront de reporter ses observations sur la carte.

**2, 3** et **4.** « Festungskommandant » depuis la fin de septembre, le *Vizeadmiral* Friedrich Frisius dispose d'un peu plus de 10 000 hommes pour tenir la forteresse de Dunkerque : des éléments de la *59. Infanterie-Division*, d'autres de la *226. Infanterie-Division* et des unités de la *Luftwaffe* et de la *Kriegsmarine*. Ces photos étonnantes (Allemands et Canadiens se côtoient, se parlent, comme s'ils n'étaient pas ennemis) ont été prises au début octobre, à l'occasion d'une trêve de 36 heures arrangée pour permettre l'évacuation de 17 500 civils...

5

6

7

**5, 6** et **7.** Le *Captain* M. Wingategray, de la *51st (Highland) Division*, qui a participé aux négociations avec les Allemands pour établir cette trêve examine une carte avec un responsable français de la protection civile. 1 000 civils vont encore rester dans la poche.

(IWM.)

# Ordre de bataille allemand

**Oberbefehlshaber West**

**Heeresgruppe B**
*Generalfelmarschall* Walter Modell

---

**15. Armee**
*General der Infanterie*
Gustav-Adolf von Zangen

**5. Panzer-Armee**
*SS-Oberstgruppenführer*
Josef Dietrich

**7. Armee**
*General der Panzertruppen*
Heinrich Eberbach

---

**LXXXIX. Armee-Korps**
*Gen.d.Inf.*
Werner von und zu Gilsa
**70. Infanterie-Division**
*Gen.Lt.* Wilhelm Daser
**712. Infanterie-Division**
*Gen.Lt.*
Friedrich-Wilhelm Neumann
**59. Infanterie-Division**
*Gen.Lt.* Walter Poppe
**64. Infanterie-Division**
*Gen.Maj.* Knut Eberding
**182. Reserve-Division**
*Gen.Lt.* Richard Baltzer

**LXVII. Armee-Korps**
*Gen.d.Inf.* Otto Sponheimer
**245. Infanterie-Division**
*Gen.Lt.* Erwin Sander
**226. Infanterie-Division**
*Gen.Lt.* Wolfgang von Kluge
**17. Feld-Division (L)**
*Gen.Lt.* Hanskurt Höcker

**LVIII. Panzer-Korps**
*Gen.d.Pz.Tr.* Walter Krüger
**47. Infanterie-Division**
*Gen.Maj.* Carl Wahle
**Panzer-Lehr-Division** (éléments)
*Gen.Lt.* Fritz Bayerlein
**348. Infanterie-Division**
*Gen.Lt.* Paul Seyffardt
**48. Infanterie-Division**
*Gen.Lt.* Karl Casper

**275. Infanterie-Division**
*Gen.Lt.* Hans Schmidt

---

**LXXXVI. Armee-Korps**
*Gen.d.Inf.* Hans von Obstfelder
**711. Infanterie-Division**
*Gen.Lt.* Josef Reichert
**346. Infanterie-Division**
*Gen.Lt.* Erich Diestel

**LXXXI. Armee-Korps**
*Gen.d.Pz.Tr.* Adolf Kuntzen
**353. Infanterie-Division**
*Gen.Lt.* Paul Mahlmann
**49. Infanterie-Division**
*Gen.Lt.* Sigfrid Macholz
**85. Infanterie-Division**
*Gen.Lt.* Kurt Chill

**LXXIV. Armee-Korps**
*Gen.d.Inf.* Erich Straube
**331. Infanterie-Division**
*Gen.Maj.* Walter Steinmüller
**344. Infanterie-Division**
*Gen.Lt.* Felix Schwalbe
**271. Infanterie-Division**
*Gen.Lt.* Paul Danhauser

**I. SS-Panzer-Korps**
*SS-Obergruf.* Georg Keppler
**18. Feld-Division (L)**
*Gen.Lt.* Joachim von Tresckow
**6. Fallschirm-Jäger-Division**
*Gen.Maj.* Rudiger v. Heyking
**2. Panzer-Division (+)**
*Gen.Lt.* Heinrich von Lüttwitz

**II. SS-Panzer-Korps**
*SS-Obergruf.* Wilhelm Bittrich
**9. Panzer-Division**
*Gen.Maj.* Erwin Jolasse
**116. Panzer-Division**
*Gen.Lt.* Gerhard von Schwerin
**2. SS-Panzer-Division**
*SS-Staf.* Otto Baum
**9. SS-Panzer-Division**
*SS-Obf.* Friedrich-Wilhelm Bock
**10. SS-Panzer-Division (+)**
*SS-Obf.* Heinz Harmel

---

**II. Fallschirm-Korps**
*Gen.d.Fallsch.Tr.* Eugen Meindl
**3. Fallschirm-Jäger-Division**
*Gen.Lt.* Richard Schimpf
**5. Fallschirm-Jäger-Division**
*Gen.Lt.* Gustav Wilke
**708. Infanterie-Division**
*Gen.Lt.* Hermann Wilck
**89. Infanterie-Division**
*Gen.Lt.* Conrad-Oskar Heinrichs
**276. Infanterie-Division**
*Gen.Maj.* Kurt Moehring
**277. Infanterie-Division**
*Oberst* Wilhelm Viebig
**326. Infanterie-Division**
*Oberst* Erwin Kaschner

**LXXXIV. Armee-Korps**
? (le *Gen.Lt.* Otto Elfeldt a été fait prisonnier à Falaise le 20.08.44)
**363. Infanterie-Division**
*Gen.Lt.* August Dettling
**243. Infanterie-Division**
*Oberst* Bernhard Klosterkemper
**84. Infanterie-Division**
*Oberst* Heinz Fiebig
**272. Infanterie-Division**
*Gen.Lt.* Friedrich-August Schack

# à l'Ouest (fin août 1944)

*Generalfeldmarschall* Walter Model

**Armeegruppe G**
*Generaloberst* Johannes von Blaskowitz

---

**1. Armee**
*General der Infanterie*
Kurt von der Chevallerie

**LXXX. Armee-Korps**
*Gen.d.Inf.* Franz Beyer
**1. SS-Panzer-Division**
*SS-Brigf.* Theodor Wisch
**12. SS-Panzer-Division**
*SS-Staf.* Kurt Meyer
**Panzer-Lehr-Division** (éléments)
*Gen.Lt.* Fritz Bayerlein
**26. SS-Panzer-Division**
*SS-Stubaf.* Markus Faulhaber
**27. SS-Panzer-Division**
*SS-Stubaf.* Walter Jöckel
**17. SS-Panzergrenadier-Division**
*SS-Staf.* Otto Binge

**LXXXII. Armee-Korps**
*Gen.d.Art.* Johann Sinnhuber
**352. Infanterie-Division**
*Gen.Maj.* Erberhard von Schuckmann

**XXXXVII. Panzer-Korps**
*Gen.d.Pz.Tr.* Hans von Funck
**15. Panzergrenadier-Division**
*Gen.Lt.* Eberhard Rodt
**3. Panzergrenadier-Division**
*Gen.Maj.* Walter Denkert
**21. Panzer-Division (+)**
*Gen.Lt.* Edgar Feuchtinger

---

**LXIV. Armee-Korps**
*General der Pi.* Karl Sachs
**159. Reserve-Division**
*Gen.Lt.* Albin Nake
**16. Infanterie-Division**
*Gen.Lt.* Ernst Haeckel

**LXVI. Armee-Korps**
*Gen.d.Art.* Walther Lucht

---

**19. Armee**
*General der Infanterie*
Friedrich Wiese

**IV. Luftwaffen-Feld-Korps**
*General der Fl.* Erich Petersen
**716. Infanterie-Division**
*Gen.Lt.* Wilhelm Richter
**189. Reserve-Division**
*Gen.Lt.* Richard von Schwerin

**LXXXV. Armee-Korps**
*Gen.d.Inf.* Baptist Kniess
**338. Infanterie-Division**
*Gen.Lt.* René de l'Homme de Courbière
**198. Infanterie-Division**
*Oberst* Otto Schiel

**11. Panzer-Division**
*Gen.Maj.* Wend von Wietersheim

---

L'ordre de bataille allemand à l'Ouest en date du 31 août 1944 n'a pas été formellement dressé à l'époque et il s'agit principalement là d'une reconstruction à partir des données portées sur les cartes de situation. La confusion est grande sur le front et la situation de nombreuses unités est incertaine. Cela est tout particulièrement vrai pour la *7. Armee* et la situation du *II. Fallschirm-Korps* comme celle du *LXXXIV. Armee-Korps* sont données comme « unbekannt » (inconnues). Si le premier corps va être reconstitué, le second sera rayé des cadres au début novembre. Les cartes restent quelquefois muettes quant à l'affectation de telle ou telle division ; dans ce cas, mais pour les divisions blindées seulement, nous avons choisi de les affecter au corps dont elles dépendront le 16 septembre (divisions signalées d'un +). Un tel ordre de bataille ne doit pas faire illusion : les pertes ont été lourdes en Normandie et au 31 août, les soixante divisions allemandes engagées à l'Ouest depuis juin ont perdu près de 294 000 hommes, tués, blessés ou disparus, soit une moyenne de près de 5 000 hommes par division... En conséquence, les divisions répertoriées dans cet ordre de bataille sont, pour leur plus grande part, réduites à la taille d'un *Kampfgruppe* : comme les documents d'époque le font, cet organigramme devrait indiquer « Reste » ou « Kampfgruppe » devant le nom de la plus grande part des unités recensées. Pour ce qui concerne les divisions de panzers, elles sont constituées de l'équivalent d'un bataillon de grenadiers, d'une ou deux compagnies du génie, de cinq à dix chars et de quelques dizaines de canons. Quant aux divisions d'infanterie, la liste est longue de celles qui ont été, pour reprendre les mots mêmes des rapports allemands, décimées *(dezimiert)*, mises en pièces *(zerschlagen)* ou anéanties *(vernichtet)* lors des dernières semaines... Ces divisions seront pour la plupart reconstituées dans les prochaines semaines, certaines devenant *Volks-Grenadier-Division* à cette occasion. D'autres, comme les *331.* et *348. Infanterie-Divisionen* ou la *17. Feld-Division (L)*, sont à ce point « mises en pièces » qu'elles vont être rayées des cadres en septembre ou octobre. Quant aux *26.* et *27. SS-Panzer-Divisionen*, outre qu'elles n'ont de division que le nom, ces deux unités n'ont pas existé longtemps : créées en juin 1944 comme *SS-Panzergrenadier-Brigaden 49* et *51*, promues respectivement *26.* et *27. SS-Panzer-Divisionen* en août, toutes deux sont dissoutes le 8 septembre. Les éléments ainsi rendus disponibles sont immédiatement intégrés à la *17. SS-Panzergrenadier-Division*.

Ne figurent pas dans cet ordre de bataille les unités isolées dans les « Festungen » sur les côtes de l'Atlantique. Le *XXV. Armee-Korps* du *General der Artillerie* Wilhelm Fahrmbacher qui les commande est en effet contrôlé directement par l'OKW. Citons pour mémoire la *266. Infanterie-Division* (Saint-Malo), la *265. Infanterie-Division* (Lorient), la *343. Infanterie-Division* et la *2. Fallschirm-Jäger-Division* (Brest). De plus, mais ne dépendant pas *du XXV. Armee-Korps*, la *319. Infanterie-Division* est elle isolée dans les îles anglo-normandes.

Le 4 septembre, la *1. Fallschirm-Armee*, *General der Fallschirmtruppen* Kurt Student, va s'insérer entre la *15. Armee* à droite et la *5. Panzer-Armee* à gauche et prendre ainsi en charge le secteur d'Anvers à Maastricht. Dans un premier temps, l'armée ne contrôle que le *LXXXVIII. Armee-Korps*, jusque-là en garnison aux Pays-Bas. Le 16 septembre, le corps disposera de sept divisions, dont cinq sont des divisions décimées par les combats des derniers mois. Le 5 septembre, le *Generalfeldmarschall* Gerd von Rundstedt est nommé *Ob.West*, commandant en chef à l'Ouest, et le *Generalfeldmarschall* Walter Model qui était depuis plusieurs semaines à la fois *Ob.West* et commandant du *Heeresgruppe B* peut se consacrer au seul commandement de ce dernier. Le 8 septembre, la *1. Armee* passe sous la responsabilité de l'*Armeegruppe G* (qui sera promu *Heeresgruppe G* le 12 septembre) et la limite entre *Heeresgruppe B* et *Armeegruppe G* se décale alors vers le nord, passant de la région de Nancy au Luxembourg.

# Bibliographie

## La Libération et la campagne en Europe du nord-ouest

BERNAGE, Georges. *La retraite allemande, août 1944*. Heimdal, 1988.

BLUMENSON, Martin. *Breakout and Pursuit*. US Army in World War Two, 1961.

BOURDON, Yves ; FAUCON, C. ; TOUBEAU, M. ; HUET, H. *La poche de Mons*. 1994.

COILLOT, André. *1940-1944, quatre longues années d'occupation, le récit des événements vécus dans la région d'Arras*, vol. III. 1986.

COLE, Hugh M. *The Lorraine campaign*. US Army in World War Two, 1950.

EISENHOWER, Dwight D. *Croisade en Europe*. Laffont. 1948.

ELLIS, Major L.F. *Victory in the West*. History of the Second World War, HMSO, 1962.

HALLADE, Jean. *La guerre aérienne et la libération de l'Aisne*. 1985.

HAUPT, Werner. *Rückzug im Westen*, 1944. Motorbuch Verlag, 1978.

HORN, M. et KAUFMAN D. *A Liberation album*. 1990.

McDONALD, Charles B. *The Siegfried Line campaign*. US Army in World War Two. 1963.

NOBÉCOURT, R.G. *Rouen désolé*. 1949.

NORTH, John. *North-west Europe 1944-1945*. 1953.

POGUE, FORREST C. *The Supreme Command*. US Army in World War Two, 1954.

SHULMAN, Milton. *La défaite allemande à l'Ouest*, Payot. 1948.

STACEY, C.P. *The victory campaign*, Ottawa King's Printer, 1960.

TAGHON, Peter. *Belgique 44*. 1993.

TREES, W. ; WHITING, C. *Van Dolle Dinsdag tot Bevrijding*. 1977.

WILMOT, Chester. *La lutte pour l'Europe*. Fayard, 1953.

## Armées alliées

CHAPPELL, L. ; KATCHER, P. *1st Infantry Division*. 1978.

- *2nd Armored Division*, 1979.

CHAPPELL, L. ; SANDARS, J. *Guards Armoured Division*. 1979.

- *7th Armoured Division*. 1977.

Collectif, association de la division, *The story of the 23rd Hussars*, 1946.

Collectif, association de la division, *Danger forward, 1st Infantry Division*, 1947.

Collectif, association de la division, *28th Infantry Division*, 1946.

Collectif, association de la division, *Spearhead in the West, 3rd Armored Division*, 1945.

FRANKEL, Nat ; SMITH, Larry. *Patton's Best, 4th Armored Division*. 1978.

HEWITT, Robert L. *30th Infantry Division*. 1946.

HOFMANN, George F. *The Super Sixth, 6th Armored Division*. 1975.

HOUSTON, Donald E. *Hell on Wheels, 2nd Armored Division*. 1977.

JAMAR, J. *With the tanks of the 1st Polish Armoured Division*. 1946.

HOUSTON, Donald E. *Hell on Wheels, 2nd Armored Division*. 1977.

JAMAR, J. *With the tanks of the 1st Polish Armoured Division*. 1946.

MACZEK, Stanislas. *Avec mes blindés*. Presses de la Cité, 1967.

SELLAR, J.B. *The Fife and Yeomanry*. 1960.

THORNBURN, Ned. *First into Antwerp, 4th King's Shropshire Light Infantry*. 1987.

## Armée allemande

BERNAGE, Georges ; LANNOY, François de. *Dictionnaire historique des divisions de l'Armée de Terre allemande*. Heimdal, 1997.

BERNAGE, Georges ; LANNOY, François de. *Dictionnaire historique, la Luftwaffe-La Waffen-SS*. Heimdal, 1998.

BERNAGE, George ; PERRIGAULT, Jean-Claude. *Leibstandarte SS*. Heimdal, 1996.

BLISS, Heinz. *Das Fallschirmjäger-Lehr-Regiment*.

FÜRBRINGER, Herbert. *9. SS-Panzer-Division*. Heimdal, 1984.

HERMANN, Carl Hans. *9. Panzer-Division*. 1975.

LEHMANN, Rudolf. *Die Leibstandarte, 1. SS-Panzer-Division*, volume 4/1. 1986.

MEHNER, Kurt. *Die geheimen Tagesberichte der deutschen Wehrmachtführung*, (volume 10 du 1/03/1944 au 31/08/1944 et volume 11 du 1/09/1944 au 31/12/1944), 1984-1985.

MEYER, Hubert. *12. SS-Panzer-Division*. Heimdal, 1991.

PERRIGAULT, Jean-Claude. *La Panzer-Lehr-Division*. Heimdal, 1997.

RITGEN, Helmut. *Panzer-Lehr-Division*, 1979.

SCHRODEK, G.W. *11. Panzer-Division*. 1984.

STÖBER, Hans. *Das Sturmflut und das Ende*. Munin Verlag, 1976.

STRAUSS, Franz-Josef. *2. Panzer-Division*. 1987.

TESSIN, Georg. *Verbände und Truppen der deutschen Wehmacht und Waffen-SS*. 1973-1976.

TIEKE, Wilhelm. *Im Feuersturm letzer Kriegsjahre*. Munin Verlag, 1975.

TREVOR-ROPER, H.R. *Hitler's war Directives, 1939-1945*. 1966.

WEIDINGER, Otto. *Division Das Reich*. Volume 5, Munin Verlag, 1982.

WENDT, Kurt. *116. Panzer-Division*. 1976.

# Remerciements

Nos remerciements tout d'abord au GEMOB (Groupe d'Etude des Monuments et Œuvres d'art de l'Oise et du Beauvaisis) et à son président, M. Bonnet-Laborderie, qui nous ont permis de vous proposer plusieurs des remarquables photos prises par M. Watteeuw à Beauvais à la fin août 1944. Parmi les publications du GEMOB qui peuvent vous intéresser, à noter : « Beauvais en 1940 », « Beauvais et les Beauvaisiens des années 40, une ville française sous l'occupation allemande », « L'Oise de la défaite à la victoire, 1940-1945 », « La Libération dans l'Oise et à Beauvais »... Pour plus de renseignements, écrivez au GEMOB, Chemin de Plouy, 60000, Beauvais. Nos remerciements également à Peter Taghon car plusieurs des photos que nous vous proposons doivent la précision de leur légende aux remarquables recherches qu'il a menées sur le terrain (voir son ouvrage « Belgique 44, la libération »). Nos remerciements enfin à Jean Hallade et André Coilliot dont les études sur l'Aisne et la région d'Arras nous ont été particulièrement précieuses.